國際甲骨文權威學者
許進雄——著

博物館裡的文字學家

用我的時間，
做我喜歡做的事。

推薦序：
繁華落盡見真淳——讀許進雄《博物館裡的文字學家》

曾永義（中央研究院院士）

摯友許進雄的新著《博物館裡的文字學家》，乍看書名會使人誤以為是他寫一位心儀的友人、在博物館裡工作的文字學家。但認識他的人都知道，那是「夫子自道」。因為他平生最大的成就在博物館，在文字學。

進雄喜歡研究文字，幾近「天生自然」；他最煥發最暢快的歲月，是他在加拿大多倫多皇家安大略博物館服務並整理甲骨收藏那二十幾年。他的文字學研究蜚聲甲骨學界，諸多學術創發論證，使他被列於殷墟博物館二十五名家之一。他在博物館遠東部主任任上使他對古器物瞭如指掌。他更以本業文字學為主，融合器物學和民俗學，寫成一部極其厚實而被譯成多國文字的經典之作《中國古代社會》。我讀這部書，艷羨之餘，還向世新大學牟宗燦校長說：「在儕輩裡，我最佩服許進雄的學術成就。」牟校長也愛才如渴的即聘他為客座教授。

進雄的學術為世人所仰望，但卻無人想到他會寫「自傳」。其理由他在〈自序〉裡說得很清楚，最重要的是他心存感恩，藉此表達他的感激給所懷念的親人、師長和朋友。這是多麼可感可愛的「理由」，進雄為人就是如此的「簡單樸質」，也由於這樣的氣質，使他鍥而不舍的沉潛於甲骨文字與古器物的鑽研；而即使他興到筆隨，寫作長篇的自傳體散文，也能如數家珍，娓娓道來，不矯揉不造作，樸素自然，如行雲流水般的舒展其雅趣天機。我想那是繁華落盡的真淳，也是進雄人格的總體呈現。

進雄因是學術泰斗，絕非政治偉人，所以在他的自傳裡，固然看不到謀國宏猷，豐功偉績。他只是運用平淡的筆墨含和親切的口胳，在敘說他的成長、親情、愛情、友情和學習、研究與工作。那是許多人都會有的「經歷」，然而我們從中卻看到了那活生生的時代苦難，那會令現代男女「噗哧」的「愛情模式」；也會詫異而佩服的領受他駕輕就熟的將世間絕艱難絕枯燥的甲骨文字學，說得那麼深入淺出，趣味橫生。這其中又蘊藏著對學子多麼殷切的「循循善誘」。所以進雄的文字看似平淡，其實多姿多韻；內容初覺無奇，卻漸引人入勝。

與進雄相識相知，起自民國四十九年，我雖然在台大中文系比他高一班，但與進雄及其同班的章景明、黃啟方皆屬同年。我們四人論交，於今已五十又七載。其間相顧莫逆，所肇建之「酒党」，党魁，第一二三副党魁，仍然依年秩序位；而「四中全會」，瀟灑揮杯，「言不及義」，持續數十年，亦未曾間歇。蓋吾党講究「尚人不尚黑」、「人間愉快」，別無所求也。

二〇一七年四月二十四日晨　曾永義序於森觀寓所

目次
CONTENTS

第一章・一九四一年後的高雄港

第二章・長輩們從不關心我的學業成績

第三章・不做傳統的中文系學問

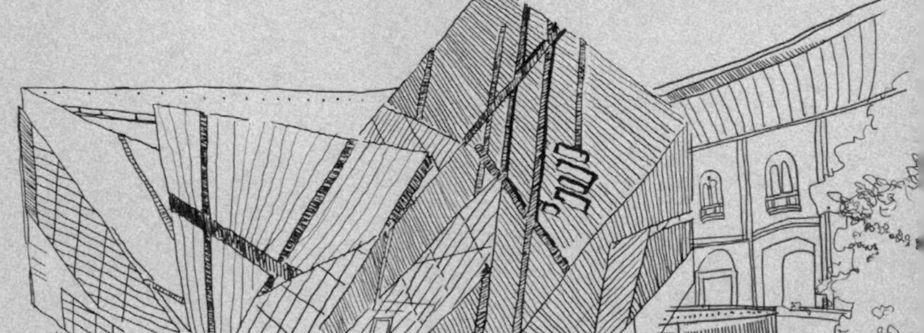

第五章・我要的理想生活

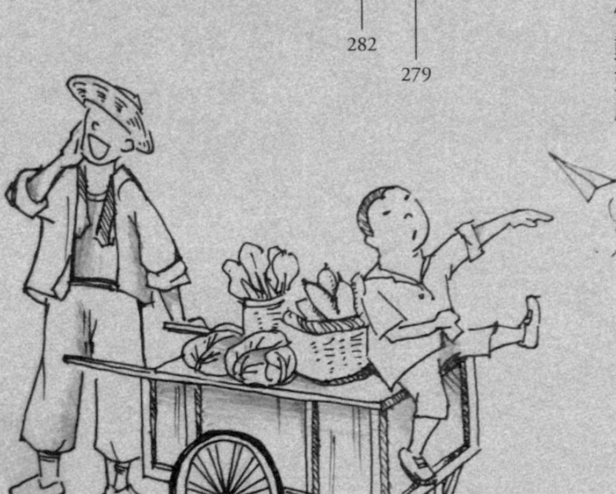

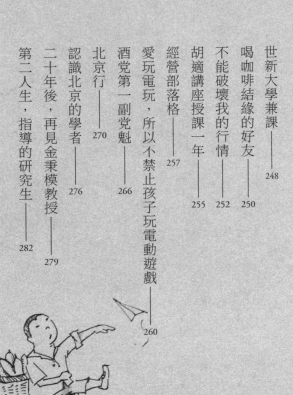

‖父親與母親的結婚照。我對母親的唯一記憶。

‖（大學時代）我們全家與四叔一家的全家福。前排自左：堂弟，祖母，堂弟，堂妹，家弟。後排自左：堂妹，四叔，堂弟，嬸母，媽媽，父親，我。

‖大學三年級的暑假在成功嶺接受三個月的軍訓教育，與同連的學員合影。黃啟方（中）、許進雄（右）。

‖1964 年大學畢業，與同班同學合影。自左，黃啟方、章景明、許進雄、黎苑梅。

‖1968 年途經大阪，與內人在叔叔家門前合影。

‖大學時代與好友同遊，自左，黃啟方、許進雄、章景明。

‖1968 年途經大阪，與內人叔叔與嬸母合影。

‖大學時全家福，後排由右至左：父親、本人、媽媽、弟弟。

‖ 雙親來訪加拿大時合影。由左至右：母親、父親、大兒子、小兒子、本人、內人。

‖ 在庫房本人手持最有名的大阪甲骨，向來賓解說。

‖ 全家出遊。

‖ 1976 年得多倫多大學博士學位，與指導教授史景成教授（左一）、家人（內人與兩兒）在校辦公大樓前合影。

‖ 回台灣時，與雙親合影。

‖ 從多倫多回台灣省親途中路過溫哥華，拜訪任教於溫哥華大學的老師葉嘉瑩教授（左三）。

‖ 加拿大住家前與妻兒合影。

‖與世新大學媒體匯流實況社（電玩、動漫、cos play的社團）的學員合影。

‖2015 年，由於韓文字博物館邀約演講，而與漢陽大學退休的金秉模教授（左）見面飲酒，重演二十年前慶祝與國立韓國博物館談妥借展二十年計畫後，二人喝得醉茫茫回家的歷史故事。回到台北的次日我還有宿醉初醒的感覺。

‖來台灣大學學甲骨文的韓陽大學孫叡徹教授（左）和我同師門，幫我找到金秉模教授，讓我掛心二十年，要向金教授當面道謝的心願完成了。

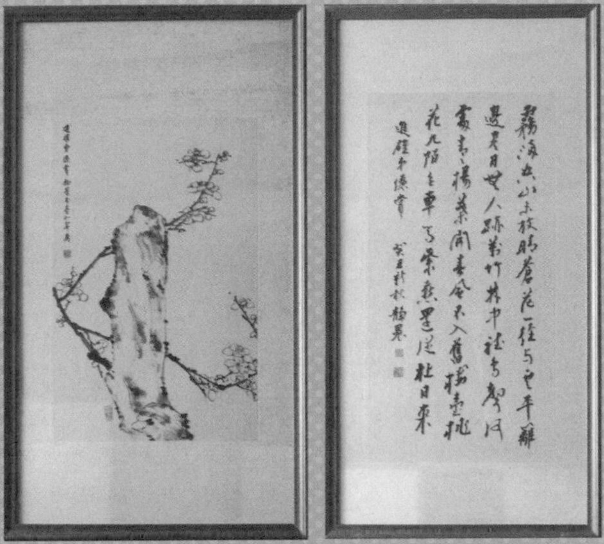

‖ 結婚時，恩師臺靜農送給我的一幅字、一幅畫作為賀禮。

‖ 遊過黃山後，請畫家友人陳大章畫一張黃山的景色讓我做兩人交往的紀念，他立刻畫了幅黃山飛來峰送給我。

‖回國期間與師長餐後合影。
前排自左，金嘉錫教授、同學劉德漢教授、學長王國璎教授，王叔銘教授，林文月教授，楊承祖教授。
後排自左，同學黃啟方教授，學長曾永義教授，本人，學長齊益壽教授，學長蕭啟慶教授，學長陳修武教授，同學章景明教授，同學葉國良教授。

‖2015 年在北京故宮博物院開座談會，與劉一曼（中）宋鎮豪（右）兩位甲骨學者合影。劉為肖南三成員之一，參與小屯南地甲骨發掘工作。宋為胡厚宣教授的學生，任職於中國社會科學院歷史研究所。

‖2016年在好友陳炳崑教授的研究室合影。

‖ 2014 年接受魯迅基金會邀請，參加魯迅文化論壇後合影。自左第三人為本人。

‖ 2015 年接受韓國韓文字博物館主辦的研討會邀請，講甲骨文的發現、特點與意義的演講。

‖ 2015 年在古文字學的課堂上課影像。

自序

有個朋友對我說，你不是個偉人，發什麼勁寫起回憶錄來！是的，我是個平常人，但我有些話想在有生之年說出來。

我生性內向，不多話，不好動，很少自發自動做一件事情，經常是親長要我怎麼做，我就去做；或是朋友怎麼做，我自隨波逐流也跟著做。比較自發的可能是研究甲骨文，想了解奇妙的中國文字是如何創意的。我的寫作，基本也是基於工作的需要，或是受人委託，而回憶錄的撰寫則是我自己想寫的。

我要把自己的回憶寫出來，大概受到兩件事的影響。一是一本書，一是內人的病情。因為研究死亡的禮俗，我讀過一本日本紀實小說，寫一個鄉間的婦人到了年紀大的時候開始存錢，準備一張蓆子以便兒子背上山等死時作息之用，購買足夠的酒以便酬謝幫助過她、善待過她的人。我寫出來的回憶也權當對他們的懷念與感念，雖然這比秀才人情一張紙更薄，然而確是我可以做得到的最起碼的事。

內人得了失憶症，我看到她逐漸失去記憶，不但過去的事情，連眼前的衣褲鞋襪也不知如何使用，最糟的是連語文的能力終於完全喪失，甚至動物的本能——吃飯也忘記了。因此我要把還記得的往事寫出來，讓我的朋友知道我懷念他們，在心裡感恩，免得有一天我也說不出來了。

我這一生雖然平凡，但經歷過很多事情，也不是完全沒有一提的價值，應該也顯現了一些時代的背景。我在陌生的加拿大英文環境裡，如何克服困難，如何順從別人給予的善意，完成了一些分內與分外的工作，也多少有讓年輕人效法的地方。我這些報告，還希望已過世的師長，如果有在天之靈，也可以了解我努力達成了一些他們的期待，以及我深深對他們的感激。

除了回憶裡談到的人之外，我最感謝大學時代的三個朋友，曾永義教授、章景明教授、黃啟方教授，五十年來不因時空的隔絕，始終接受我如兄弟，在各方面幫助我。我還要感謝台灣大學退休的郭守成教官，我們沒有師徒的淵源，只因餐宴中戲稱是我馬門的弟子，真的待我如自己的師父，處處為我設想，替我服務，讓我既尷尬，又心存感激；他的賢內助郭玉華教官，也同樣真誠待我，她先讀了稿子，改正了許多錯字，也在此道謝。

二〇一六年三月　新店居寓

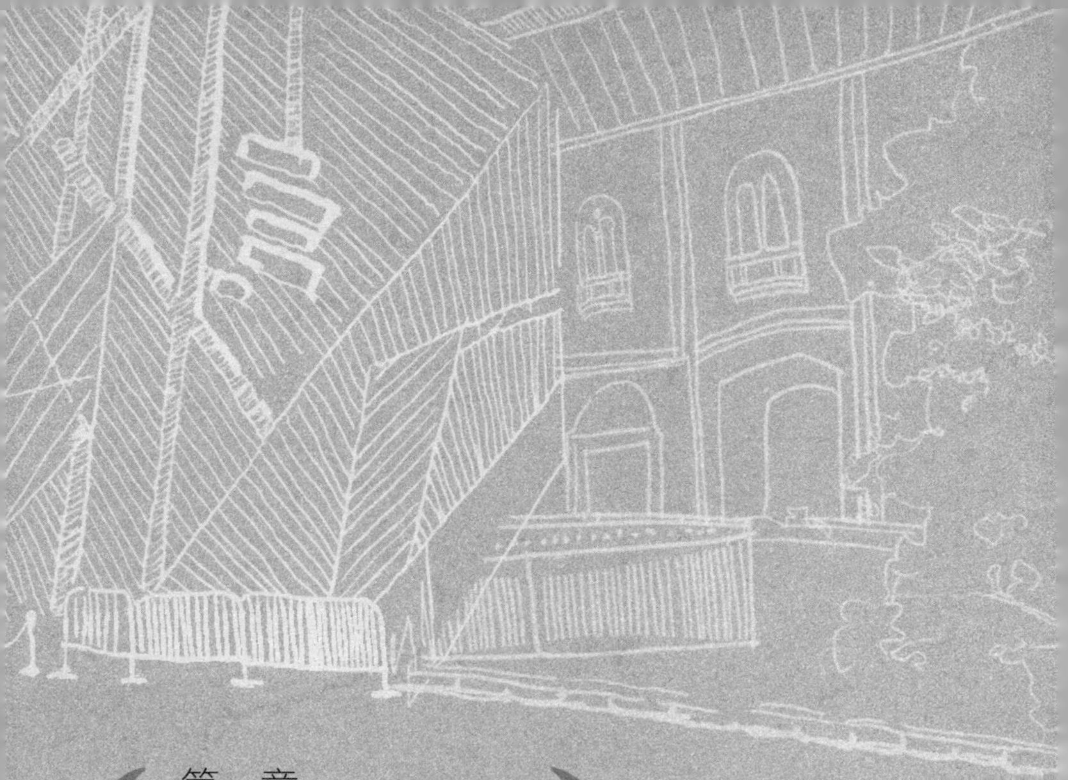

第一章

一九四一年後的高雄港

終戰後的大家庭

第二次世界大戰期間，一九四一年六月二十三日，農曆五月二十九日，我出生於高雄一個中下階層的大家庭裡。後來盟軍的飛機開始轟炸高雄市區時，以祖母為首，全家都疏散到高雄縣旗山的鄉下，躲避美軍轟炸的危險。終戰後搬回高雄市，大伯父與二伯父另外覓居，祖母則與第三、第四子的家庭一起居住在鼓山區的一條幽靜小巷裡。我沒有終戰前的記憶，只聽聞一些長輩們的往事而已。

祖母育有二女四男，來自澎湖的馬公。祖母把長女送給別人家，卻又從別人家抱養了一個女嬰，打算作為父親將來的媳婦，所以母親使用本姓，叫吳自愛。聽長輩解釋，自愛的命名，說是因為母親自願被許家領養。當時澎湖的人家將兒女送給別人家認養，而又從別人家領養兒女是很平常的現象，尤其是女嬰。或以為這樣做，將來婆媳的關係會比較良善，或以為縱使讓別人家的骨肉多做些工作、多吃一點苦，自己就比較不會覺得心疼。

聽說曾祖父是個秀才，對於家庭的教育頗為重視，所以祖父懂得文墨，在偏僻的鄉下地方也算是個人才了。在日本統治的時代，祖父當個警察輔佐，收入不多，供養一家八口人本來就不容易。但因長得不俗，在另一個村里築了個新家庭，自然對原有的家庭就疏於照顧，以致祖母獨立支撐家庭，生活非常艱難。我曾經多次聽到舅父們對母親幼年的艱辛生活感到非常歎惜與不捨，認為祖母對其親生與領養的子女之間有差別的待遇。

為了維持家計，祖母除日夜做針黹女紅以補貼家用外，對每個孩子都分配了工作。兒子到了能夠賺錢的年齡就課餘時去打小工，或提個小籃子沿街叫賣炸糕餅一類的零食，到了稍為長大，甚至游水到商船上去兜賣水果、乾貨一類的商品。母親則被分配去撿拾落葉枯枝，以供給家裡的薪炊燒煮。曾聽長輩們提及，母親因此而被日本的老師恥笑，在黑板上畫個小女孩背著大布袋在撿拾葉子的情景，讓小小的心靈蒙上驅之不散的自卑陰影。

澎湖土地貧瘠，謀生困難，很多人都遷移到台灣本島的高雄或台南去謀生活。不知在哪一年，為了改善生活的困境，祖母和六個已長大的子女搬移到高雄來追求較為寬裕的生活機會。大兒子在碼頭推銷商品，二兒子賣米漿早點，父親老三推二輪車沿街販賣菜蔬，老四則在路邊修理腳踏車或幫忙老大做生意。至於女兒，我只知道母親到一個日本人的家庭做全職女傭，平日就住在主人家，只有休假的時候才回來，甚至在我出生之後也還是如此。撫育我的責任就由祖母一人承擔。

在我的記憶中，沒有一絲一毫母親的影子，因為我還在睡眠中她就得出門，而回來的時候我已在睡覺。後來她感染了主人家的肺結核。肺結核在日治時代尚無特效藥可以根治，當時唯一的治療對策是靜養。對於窮人家，靜養是不可企望的夢想，母親就撐著病體工作；有一天她咳血不止而與世長辭。

祖母非常傷痛母親的過世，經常為之流淚，向我述說母親多麼溫順，多麼辛勞。對於母親的種種事情，我也只是長大之後才聽長輩提及，當時並不了解母親離我而去。我對母親的懷念，只有一幀變黃的結婚照而已。

為了貼補家計，祖母對每個孩子都分配了工作。
男孩子到了能夠賺錢的年齡，放學後就去打小工，或提個小籃子沿街叫賣炸糕餅一類的零食。

陪父親沿街叫賣蔬菜

在我的記憶裡，幼小時就只有祖母與父親的印象而已。在我已能夠穩定走路後，就常與父親去叫賣蔬菜。至於是終戰之前或戰後，我也沒有確實的記憶。為了減輕祖母看顧我的辛勞，有時父親會問我願不願幫他推車子去賣菜。父親使用二輪的手推車，將蔬菜堆放在車上，沿著一定的路線兜售。所謂幫忙推車，其實我哪有能力，只是做做樣子，充實父子之間的親情而已。我多半是坐在手推車內，由父親推著，車子停下來等待人家出來買菜時，我就獨自在附近玩耍。父親叫賣的路線很多是日本人的社區，說是比較可以賣得好價錢。

那時應該是第二次世界大戰結束的前後，日本僑民還沒有完全撤走，到處是轟炸後未經清理的斷垣殘壁。我很喜歡去撿拾黏貼在牆壁上的各種有顏色而發亮的小瓷磚片，我管它叫「ㄨㄥˋ」，不曉得這是誰教我的語言，肯定不是父親教我的。父親晚年還充滿溫馨地談及此事，說我不知是何處學來的，經常一股勁兒地指著小瓷磚說「ㄨㄥˋ，ㄨㄥˋ」，意思是說我要那些東西，要父親替我帶回去。說不定管叫這些瓷磚為「ㄨㄥˋ」是我自己發明的語言。父親把我

父親使用二輪的手推車，將蔬菜堆放在車上，沿著一定的路線兜售。我多半坐在手推車內，由父親推著。

所喜愛的殘斷的小塊牆壁帶回家，仔細地用工具把水泥鑿開，取出小瓷磚片來給我玩。那時我別無其他玩具，所以非常珍惜它們，但不知到了何種年紀，才不玩這些瓷磚片。

小學一年級近暑假的時候，我們搬到高雄港陸橋前的七賢三路，父親就不再推車賣菜，而與四叔共同經營供應水果給來往高雄與香港的商船。大伯父從事供應外國船舶的糧食與零件的生意，其中蔬菜與水果部分的採購也大都由父親負責，所需要的品類大部分向大批發商訂購，但有些就由父親自己到批發市場標購。那時我已就讀中學，有時在不上學的日子，父親會要我一同去果菜市場幫忙。天還未大亮，我們就各自騎腳踏車到批發市場，他每標購了一批貨，在裝箱之前，就由我在那邊看守著，以免與他人的貨物混雜。那種工作很無聊，又不能完全放任地不注意看管。有時工作到了九、十點鐘，父親還忙得忘了讓我吃早餐，讓我餓肚子。那時覺得陪父親買菜是件無聊的苦差事，現在細想起來，之後再也沒有與父親一起工作的機緣了。

多麼希望擁有一把八家將的大關刀

我們在鼓山區的家，距離大馬路大概有一百多公尺之遠，是個有半樓的木造平房。大馬路的另一邊有座小丘，有製造水泥的工廠，經常來往大型車輛，因而造成灰塵飛揚瀰漫，感覺上是個繁忙的交通要道，但我們家的巷子只見通行腳踏車，算是個寧靜的社區。這個社區有前後兩排房子，大致都是和我們一樣的木造平房，有的還沒有半樓。我們是遠離大馬路的前排第一家。兩排房子的左邊有一個廟，我們家的左邊就是廟前的廣場，那裡有棵有很大樹蔭的樹，想來是榕樹。廟的規模不大，香客不多，但時而會有八家將的練習與表演。經常在廟前廣場嬉戲的小孩子大概不超過十個，也許我們太小，不跟大孩子玩在一起。尤其是上學的時間，大孩子都不在，好像廣場就是我們小孩的天下。我們這些還不能上學的小孩似乎也沒有什麼可玩的遊戲，常常是幾個小孩子蹲在牆邊無所事事。我還記得有個賣糖果一類的小販，有個小火爐，讓大孩子們用勺子在火上煮糖漿，最後用一點白顏色的粉末點下去，熬煮的糖漿就膨脹起來，我們小孩子就大為高興，拍起手來。

最讓我興奮的是八家將的練習。一大群十幾個男孩子，臉上塗了五花八彩，身上也穿著花花綠綠、奇形怪狀的衣服，手中拿著各種道具，敲鑼打鼓、蹦蹦跳跳的，排列成各種陣式。他們的行列讓我羨慕極了，恨不得早點長大，也去參加他們的表演。我還記得很清楚，有一個玩伴的父親手藝很巧，用木片雕刻了幾支十幾公分長的大關刀、蛇矛一類的武器形象讓他把玩。我多麼希望自己也擁有那樣的一把刀，可以像八家將一樣地舉手投足揮舞著它。我還記得每當下大雨時，總有個幻覺；我蹲在屋裡，痴痴地看著屋外每一雨點在水中造成的圓形凹陷，幻想著那是玩家家酒的一個個陶鍋子。可以想像那時候物資多麼缺乏，孩子們如何盼望有件玩具的心境。

有一個玩伴的父親手藝很巧，用木片雕刻了幾支十幾公分長的大關刀、蛇矛一類的武器形象讓他把玩。

《水孩子》湯姆的故事

一九四七年，六足歲，我就讀附近的鼓巖國民小學一年級。關於這一年我有兩個還記得的記憶。在感覺中，去學校的路途有相當的一段距離，廟前左邊有條小路可以通往學校。在到學校之前，還得經過一條河流與相當寬廣的鐵路軌道。記得河流中有一隻半沉沒的大船，鐵殼的黑船頭高高地突出於水面上。為了維護行人跨越鐵道的安全，尤其是小學生們，建有一條隧道讓我們從鐵道下穿過。但是有一天悲劇發生了。在一次大雨之後，隧道裡充滿了雨水，班上有位女生，想利用隧道中的水洗手或什麼的，不小心滑倒而溺斃於水中。學校為此開了個追悼會，我初次體會到親友死別的難受。

另一件難忘之事是女老師講給我們聽的故事。老師的名字已忘記了，大致是下學期時候說的一段長故事，她每星期只講一小段。我大致記得前半段的故事，後來我的學生吳俊德幫我找到小說的名字，是十九世紀英國作家查理斯．金斯利所寫的《水孩子》（*The Water Babies*）。

故事寫一個窮人家，名叫湯姆的小孩。外國因為天氣寒冷，住家使用火爐取暖，火爐有管道用以疏導黑煙，每隔一段時間就得清除煙囪裡的煙炱。湯姆和師傅有次到某戶有錢的人家清潔煙囪，在他單獨工作的時候，不小心失足掉落在屋主人女兒的臥室，女孩受驚而尖叫起來，湯姆在慌張之下，急忙跳下窗戶，奪路而逃。眾人以為他偷了貴重的東西，因而追趕他。就這樣糊裡糊塗地，湯姆不知解釋而一味逃跑，展開了逃亡生活的一連串奇遇。故事講到湯姆跳進河裡而睡著了，變成身體嬌小、不死的水陸兩棲的水孩子。故事講到湯姆開始在水中生活的時候，父親和四叔父換了行業，我們舉家搬到鹽埕區，我也轉學到鹽埕國民小學，再也聽不到後來的故事發展了。那時學校的圖書設備大都落後，我也沒有刻意尋找這個故事的名稱，直到在寫此回憶時，學生才從網路上找到這本小說文本，讓我終於知道故事的後續發展，湯姆最後成長為熱愛真理、正直而勇敢的人。

喜歡玩有賭博性質的遊戲

我們搬到座落在七賢三路的家，前不遠處有個讓汽車通行的陸橋，過了陸橋就是高雄港區，需要通行證，也就不是我們小孩子的生活範圍了。那時候住家的周圍還有很多空地，附近的小孩經常聚集在一起玩遊戲，諸如玻璃珠、橡皮筋、陀螺、圓紙牌、透明的塑膠模型等等，走廊下隨處可以玩耍。因為當時的車輛還不多，比較需要大場地的遊戲，就在道路的兩旁玩。我們家對面有個很大的空地，大概是充當臨時的倉庫，有很多大型的陶水管堆積在空地上。有些比較涉及賭博性的遊戲，我們就在具有隱蔽性的大陶水管或防空洞裡進行，避免容易被家人發現。

祖母跟第三、第四兒子兩家人同住。父親與四叔父和另外兩個友人合夥做碼頭的生意，店址就設在這裡。兩個家庭的收支都由叔父負責，父親是從不管事的，包括我的一切生活在內。但是叔父由於自己的孩子還太小，把管教的焦點都放在我的身上，尤其對我課業以外的活動相當在意。長輩們從事的碼頭生意，有船隻靠岸時就非常忙碌，平時一點事也沒有。由於我也喜

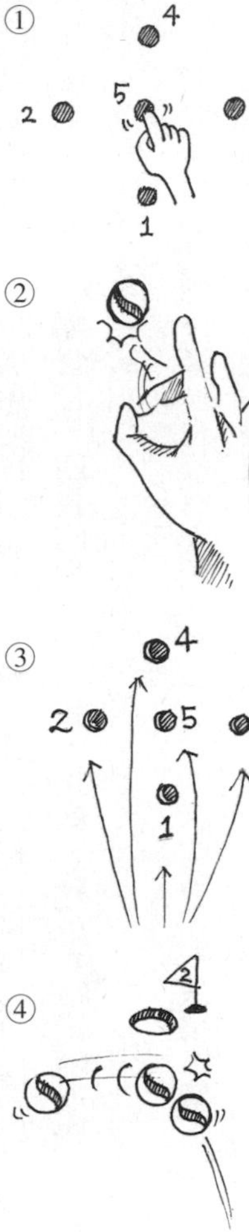

玩法一

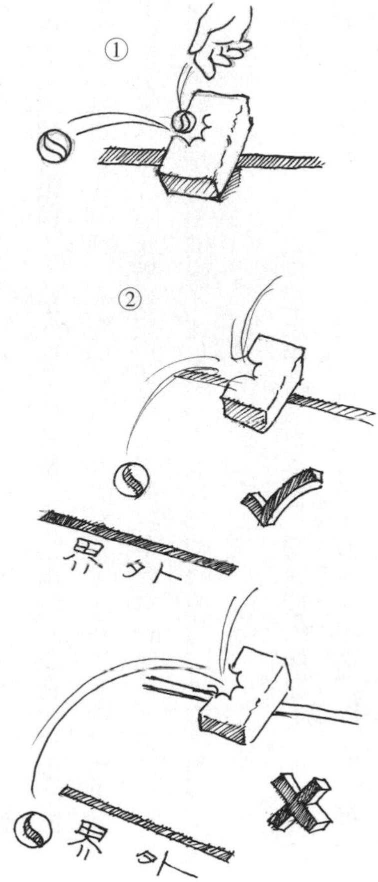

玩法二

玻璃珠的兩種玩法

歡玩一些具有賭博性質的遊戲，所以叔叔在沒有工作的時候，就會有意地四處尋找我的行蹤，一旦被發現了就受到一頓毒打。四叔的大女兒比我小幾歲，經常充當我的把風，一有動靜就發出警告，一起及時脫逃。

那時候學校的功課不多，也沒有安親、才藝一類的課餘補習。孩童聚集遊戲的景況到處都是。略微回憶一下當時常玩的遊戲。

玻璃珠

玻璃珠的玩法有兩種：一是在地上挖五個有相當距離的小孔洞成十字形，用手指把玻璃珠從起點依序彈進各個小洞裡，先完成整個程序者為贏家。在比賽中，如果打中對方的玻璃珠，就可以進到次一個洞，因此最理想的方式，不但打中對方的珠子，還要把對方的珠子帶到次一個洞的附近，好繼續彈擊前進。或是把對方的珠子彈得遠遠的，增加對方把珠子彈回場地的困難。

另一種玩法是，讓玻璃珠從手中自然下墜至一塊斜放的磚塊上，比賽誰的珠子彈得更遠。最接近劃線的珠子為勝利，但超過了終點線就算失敗，所以關鍵點是估計磚塊的反彈力，以及掌握珠子的下墜高度。這是一種健康的比賽，叔父不會處罰我。其實這也是可以有賭注的。

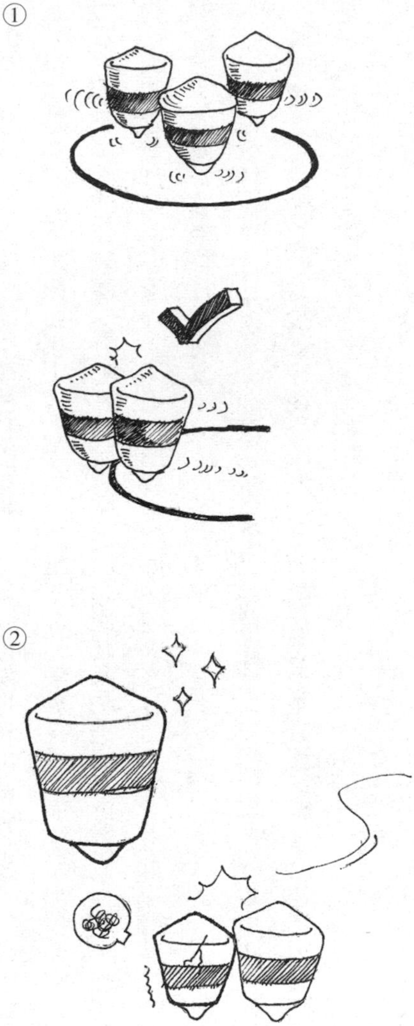

陀螺的玩法

陀螺

陀螺可以有兩種玩法。一是畫一個圓圈，裡頭放幾個陀螺，要點是把己方的陀螺擊出圈外，而不讓自己的陀螺留在裡頭。如果把對方的陀螺擊出圈外，就成為自己的戰利品。更需技巧的是，如約定擊出圈外的不能據為己有時，比賽的重點是利用自己陀螺上的牙破壞對方的陀螺。自己陀螺上的牙不但要用上等的鋼材，磨礪得非常銳利，還要有辦法拋擲時以銳利的牙擊中對方的陀螺，達成破壞對方陀螺的目的。另一個比賽方法是猜拳後置放一個陀螺在起點，要儘快把此陀螺打到終點線外。如果在進行中，誰的陀螺沒有拋擲好，沒有旋轉，就要取代原有的陀螺，成為新的被擊打的對象。

一旦陀螺被擊出終點線外，就要被大家用手握陀螺，用陀螺銳利的牙來砍劈該陀螺的身子，陀螺經此連番的砍劈後就往往不成形狀了。叔父不但不處罰玩陀螺的比賽，有時還會為我打製最銳利的牙。

牌九

那時候流行一種叫「尪仔標」的彩色印刷圖像的圓形厚紙牌遊戲，圖案幾乎都是戲曲或歷史上的人物，還附加一個十二生肖的圖樣。常玩的方法是每個玩家出幾張牌，選出其中的一張

①

②

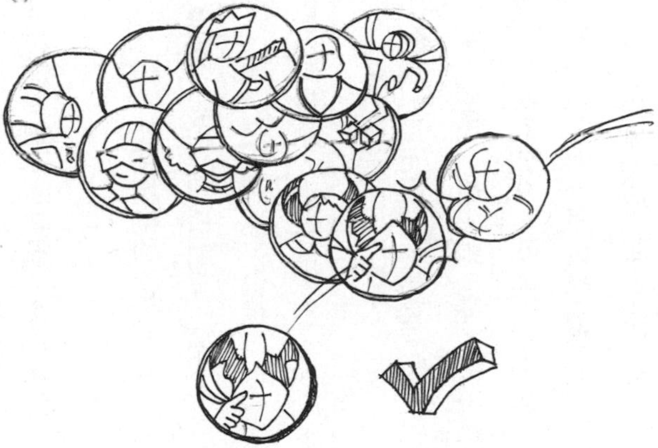

那時候流行一種叫「尪仔標」的彩色印刷圖像的圓形厚紙牌遊戲。

作為目標，混雜在眾多的牌中堆疊成山，大家輪流用自己的紙牌拋打牌堆，誰能把那張牌完全擊出牌堆之外便是贏家，可以收取所有的紙牌作為獎品。這是叔父可以容許玩的遊戲。但是它的另一種涉及賭博的玩法就不被認可，必然會遭受嚴厲的處罰，那是類似「天九」或「牌九」的賭法。

十二生肖即一到十二的數目，兩張牌為一組。最高級位的組合是六與三的數目，叫至尊，其次是成對的同樣數目，然後是加起來的點數。成對的位階有高低：十二最高，為天。二次之，為地。八再次之，為銀。其次四，為牙。再次為十與六，為板。十一與一為草。然後依次是不入流的九、七、五、三等數目。點數以九為最高，十最低，十一等於一，十二等於二，餘類推。

點數的位階有特殊的排序：十二加九位最高，叫天猴王。其次十二加八，稱為天貢，二加八則為地貢。同點數的序列則以其中的一張牌，依天、地、銀、牙、板、草的次序比高低，如同樣為七點，則十二加五最大，二加五次之，其次八加九、四加三、十加七、六加一或十一。

鬥牌的方式可以是二張或四張牌，二張的一翻開牌，勝負立刻分曉。四張的就要拆成二張的兩組去比較，要兩組都贏了才算贏。比賽時一個組頭可以跟好幾個組員對賭，賭資可以排列成一注、二注或三注。拿的牌組如果是八點，就吃兩注，如果是九點以上就三注全吃，賠率也是如此。看起來規則好像很複雜，其實一學就會。這種遊戲賭注可能很大，容易上癮，而且往往廢寢忘食，禍害很大，故要受到懲罰。

不愛唸書，小學六年級是算術霸王

我不是聰明的小孩，家人更忙於生活，不會督促我的課業，加以自己又喜歡玩，所以小學的成績並不優異，也不會被老師所厚愛。但是在班上的名次，卻每年都有改進，從三十、二十、十，到了六年級被分發到新成立的忠孝國民小學，畢業時成績竟然升到了第二名，還拿個校長獎什麼的。六年級這一年可以說，是我就讀小學最風光的時候。

我對算術的功課最有心得，課本上的題目從來難不倒我，解答又特別快，所以國小六年級時同學們送給我一個「算術霸王」的封號，老師也讓我當總務股長，管理班上的班費，那是我第一次被老師所器重。我還記得每天幫老師去買早點。

那時我還有另一個特別的綽號「皇帝」（台語讀音）。祖母常帶我去看歌仔戲，戲裡頗多內宮的劇情，有一次在同學面前，我侃侃大談皇帝的妻子有三宮、六院、七十二嬪妃。那是超乎小學生教學範圍的知識，同學就因此暱稱我為「皇帝」。有位非常肥胖的同學，經常到我們的樓下，高呼「皇帝」、「皇帝」，約我一起上學去。

目睹眾利輪爆炸事件，比電影銀幕上的畫面更恐怖

上小學時，高雄港發生了一件驚天動地的事件，一艘名叫「眾利」的大船，滿載著炸藥停靠在高雄港，不知因何種疏失，竟然連環爆炸起來。我記得相當清楚，那天是拜拜的日子，我被指派照顧拜桌，在等待上足了三次的酒獻，以及線香燒盡的時候，好通知大人們來燒紙錢、收拾祭品與用具等等。我站在店前的走廊上，最先是聽到一聲巨響，接著此起彼落，響起好多的爆炸聲。天空頓時火紅，降下陣陣的黑雨，同時也地動屋搖，我驚恐不已。

正在徬徨不知所措之際，只見碼頭的方向，黑鴉鴉地湧來沒有止息的拚命奔跑人潮。奔跑的人群個個衣裳不整，臉色慌張驚恐，有人身上還有血跡。那時很流行的英國式硬橢圓形帽，也丟了滿街都是，竟然沒有人停下腳步來撿拾，一副世界末日來到的樣子。

我在感染之下，不加思考，也沒有通知家人，就跟著人群朝同一個方向，往市區跑。之後的幾個小時，我夾雜在人群中，腦中一片混亂，不知該怎麼辦，也不曉得飢渴。到了黃昏，好像一切都平靜了，人群也開始散開，我才辨識道路回到家中。家人見到我，高興得流淚，因為

已到處尋找我幾個小時了。事後知悉，我家的屋瓦移位了。屋後教堂的旁邊，有人被飛來的鐵板給砸死了。

第二次世界大戰，高雄遭受盟軍轟炸，我們搬到鄉下避難，我因為太小，對戰爭的記憶可以說一點痕跡也沒有。但是這次的爆炸，目睹人群倉皇逃命的景象，比之後來從銀幕所見，越戰期間一位女孩子被燒夷彈所燒焚而裸體奔跑的畫面，更要感到恐怖，就像在立體的電影前，比之有一群大象向你奔跑過來的那種壓迫感，更要驚慌。

一艘名叫「眾利」的大船，滿載著炸藥停靠在高雄港。不知因何種疏失，竟然連環爆炸起來。

陪祖母去聽歌仔戲，志在吃東西和零用錢

母親在生下我之後仍然是去當人家的全日幫傭，照顧我的責任就由祖母扛起，所以我和祖母的關係特別親愛，是其他孫子所不及的。聽長輩說，尤其是母親過世後，祖母把對母親的愧疚與懷念轉化為愛我；好像到了小學五、六年級的時候，祖母還在替我洗澡。昔日物資缺乏，平常的日子不殺雞吃肉，只有在節慶或拜拜時才有肉品吃。我的飯都是祖母為我料理的，有殺雞時，我少不了有一根雞腿。在有豐盛食物的時候，祖母總會在我的碗底先墊上魚、肉，加上飯後又放上一般的菜餚。那時我還不能領會祖母的用意，每每吃完了白飯後，高興地大叫我的碗底還有好吃的東西，讓祖母有點尷尬。雖然祖母的地位在家中是最高的，沒有人敢批評一句，畢竟顯得有點過分偏愛於我。

在搬到七賢三路後，鼓山區的房子就出租給人家，租金歸祖母收取，作為零用錢。祖母小時候雖然纏腳，日治時代因政府的政策，把纏足給解放了。祖母由於長年辛勞工作，已很能適應纏足解放後的腳步，走起路來並不困難，所以去收租的時候都是用步行的，從新家到舊家，

小時候經常陪祖母去聽歌仔戲。我志不在聽戲而在吃東西，同時更有獎勵零用錢的可能。但也因此學會了很多戲曲裡的詞句。

估計約有二公里之遠。小學低年級的上課時間是半天，所以我有很多的時間陪祖母去收租，同時會見一些舊日的玩伴。祖母收完租金後，照例一定會帶我到鹽埕區蓋在大水溝上的飲食攤吃東西。我們最常吃的是各人一碗筒仔米糕、一顆滷蛋加上一碗四神湯，這在當時的家境已算是相當的花費了。

除了收取租金外，我也經常陪祖母去聽歌仔戲。我志不在聽戲而在吃東西，同時更有獎勵零用錢的可能，但也因此學會了很多戲曲裡的詞句。在我已是成家立業之後，四嬸母還常常慈愛地提到我小時候在家裡唱歌仔戲詞，嘴邊還常掛著「不然、便罷」的口頭禪。後來全天上學，沒有時間陪祖母收租、看戲，任務就交給了叔叔的大女兒，她也享有跟我同樣的待遇。

談到看戲，也有件遺憾事。我幼時在鼓山舊居有個很要好的女玩伴，由於家裡窮困，很小就被送到流動的歌仔戲團學戲，換取微薄的代金。在戲團裡由雜役開始，慢慢學藝，過著幾乎是非人的生活，一旦藝成出師，開始正式的演出，才有微薄的薪資。每次她的劇團到高雄來演出時，都會前來送票請祖母去捧場。由於長輩們一再說她是我幼時的玩伴，有時由我去應門時，我就羞赧地趕快閃開，不敢交談。後來我回國時，聽到她已不唱戲，幫先生管理工廠的業務，營運非常成功，我還曾有機會當面向她道賀。不想不久卻傳來她罹患惡疾而過世的消息，為之噓唏不已。她才脫離貧困，未及享受人間的歡樂，竟然就英年早逝了。

祖母燒香祈禱，說讓我頭殼硬、名次多

七賢三路的家，前頭是個店面，上頭有個半樓，使用活動的木梯上下。店面之後是在高出地面上的總舖上分隔成三個房間。房間之後是廚房，廚房之後有個大院子，設有防空洞，接著是寬大的排水溝，飲食攤位就蓋在這條大排水溝上。後來可以不用有防空洞，就把防空洞填平，在院子後邊蓋了個豬圈。後來因為市區裡不准養豬，就改建為二層的樓房。我從小就與祖母睡在一起，搬來新居之後，也一樣與祖母睡在半樓上，一直到了後院修築樓房，我就有了個人的房間，這時大概是高二或高三的時候，但祖母仍然住在前面的半樓上。

半樓之上就是屋頂，除了中央的部分，都要彎著腰行走。半樓有根橫樑把空間分隔成兩部分，最高的中央處擺置佛龕及祖先牌位。佛龕的後面是祖母的隱私地點，除衣物櫃、馬桶之外，還放了她捨不得丟掉的鐵絲線、麻繩等雜物。佛龕之前有我的一張書桌，梯子這邊的另一半是我們祖孫的睡眠地方。因受日曬的關係，有時要到很晚的時候才能消除暑氣，所以我一般是到了睡覺的時間才上樓去。

祖母每天都會焚香禮拜神靈及祖先，每個月初一、十五日的拜拜是她的大事，都要親自指揮事宜。重要的拜拜祭典她更會盛裝打扮，穿起高質量的裙子及圍裙，香案還掛上彩繡的八仙掛。祖母每年總有幾次要到廟裡燒香、捐香油，她會向神靈祈求保佑，一一祈禱每個人的身體健康，事業成功，無災無難等等。輪到我的部分時，由於她對學制不甚了解，總會祈禱讓我頭殼硬（認為這樣腦筋才會好）、名次多（以為是越多越好）。我始終沒有點破名次高並不好。我們家裡的人對於拜神禮佛之事都不熱衷，祖母過世之後，大致只有在家裡祭祀祖先的任務被承繼了下來。

我這一輩的名字排行應該是「正」。由於家裡的人都忙於工作，大概也認為不怎麼重要，就任由祖母到區公所去報戶口。祖母不識字，就讓戶政人員把正雄給寫成了進雄（我不解為什麼以後不去更正），以至於我繼母所生的兒子也以「進」命名，和其他三房的堂兄弟不同。

祖母雖不識字，卻有自己記帳的一套辦法。我看她用圈圈、直劃、橫劃、叉叉代表不同的數目與單位。房租收入有多少，修理屋漏用去多少，油香錢捐了多少，吃飯看戲用了多少，她都記得清清楚楚，從不需要我的幫忙。紙幣都緊緊地捲成小捲，每一捲有固定的數目。祖母很疼我，如果有非必要的東西，估計父母親不會買給我時，我就向祖母索求，可以說是有求必應。我記得很清楚，有一次為了買讓我滿意的有背膠的乒乓球拍，她耐性地跟我一家又一家商店地尋找。

祖母的前半生雖然貧窮，但對於食品卻喜歡製作，也滿內行。祖母於初一、十五日和重要的神佛誕生日都吃齋，後來好像吃齋比吃葷的日子還多些。祖母所吃的齋菜從不假他人之手，她喜歡把花生碾碎，然後和蔬菜一起煮。祖母也喜歡吃零食，經常製作麥芽花生糖之類的，大概是把花生當作肉類的代用品吧。

每有節慶，全家就都忙起來，製作當令的菜餚或點心。我經常幫忙用石磨把米粒磨成漿，用重物把米漿壓榨濾水成塊狀，再輾壓成粉末狀，然後再蒸製成糕、粿、餅、包子各種類的食品。包粽子時也分配各人的職務，有用小酒杯裝填進定額的料子，有的把餡料放進糯米中包紮成一串串的粽子，然後入水煮熟。我很喜歡吃她們包的粽子，有時一次吃三顆，連續吃幾餐也不膩。祖母過世後，就再也沒有那種盛況了，大概只有包粽子的技術被兩位媳婦學到了，其他的糕、粿、餅類的零食就不再被製作了。到現在我還是比較喜歡媽媽包的粽子，味道比商店買來的好多了。

第二章

長輩們從不關心我的學業成績

學騎腳踏車，到伯父家收廚餘

長輩們都忙於生意，對我的學業可以說並不關心，一直到考上大學，也從未過問過我一句在學校的狀況，或陪考過入學的考試。一九五三年小學畢業後，我糊裡糊塗只報考一個學校——高雄地區最好的省立高雄中學。以我當時的在校成績，不是因為自己有絕對可以考得上高雄中學的信心，只是糊裡糊塗，寄望別人替我安排而已。

聽同學說廣播報導了我被錄取的消息，為了證實這個消息，我沒有呼朋引伴，也沒有向家長索取搭公車的錢，就獨自一人走路到高雄中學去看榜單。回來後告訴家長，路途相當遙遠，恐怕以後難於走路上學，於是長輩就找家中一部坐墊比較低的腳踏車讓我自己去練習。我把腳踏車推到國小學校的廣場，請一位同學扶住車的後邊讓我騎上去。不到一個下午，我就可搖搖晃晃地獨自上車騎回家裡來，不久我就有一部半新不舊，個人專用的腳踏車了。

我的活動範圍雖然大為擴大，但也因此多了項新工作。家裡的後院蓋了個豬圈，養兩、三頭豬，豬是雜食性的動物，可以餵飼人們吃剩下的飯菜，因此我就被派遣到大伯父與二伯父的家去收集廚餘。

祖母指導媳婦們，特地為我製作專利補品

除了養豬之外，我們還養雞、火雞，甚至養過一次兔子，嬸母還把兔子的毛皮製成我腳踏車坐墊的套蓋。那時雞蛋還是很貴的時代，每次母雞下蛋而啼叫時，我就去檢，然後就在蛋殼上開鑿個小孔，趁熱吸食，好像大人說這樣對身體有補的樣子。因為祖母疼愛我，我不但有吸吮蛋汁這個專利，還為了讓我長高、長胖，祖母指導媳婦們做了幾次特殊的食品給我吃。

我不確切知道烹飪的方法，重點是把九碗清水與一隻雞，用慢火燉煮至一碗程度的濃湯，那碗濃湯的表面會浮起一層厚厚的油脂，還得用可以吸水的粗紙把表面的油脂去掉才喝。第一次吃時很高興，因為一個人獨自吃一碗雞湯，這是不得了的奢侈。但吃了之後，才知道很難喝，因為太油膩，味道太濃，後來反而因不想違背祖母的好意，才勉強一小口、一小口地喝完。弟妹們好像都沒有吃過這種補品的樣子。剩下來的雞肉就被炒成肉鬆，但我不能吃，說是會把吃下去的滋補給破壞掉。

怎麼也學不好英文，年年補考

我的初中生活乏善可陳，甚至可用很糟糕去形容。首先是英文課。不知是自己資質不好呢，還是貪玩，其他功課我都可以應付，只有英文課怎麼也學不好。最糟糕的是有一次去請問老師，老師不但不耐心解釋，還似有揶揄的態度，說「像你這樣的程度還有什麼指望」。從此我就放棄這門功課，好像從初一到高中三年級，年年的英文一直都要補考，但也年年通過補考。

後來自己當了老師，我就勉勵自己，不要犯下那位老師的毛病，要抱持着孔子有教無類的精神，不拒絕學生的請問。大伯父的從業員有幾個會說英文，也常來我家的水果店，但家長也從未有要我向他們請教的指示。

操場與鐵道之間的隱密區塊成為玩紙牌的好地點。

玩紙牌，做土窯燒烤地瓜

小學時，四叔父會四處尋找我與小朋友們聚賭紙牌的隱密處，到了初中的階段，他就無從來學校管制我了。

高雄中學是個純男生的學校，分初中與高中二部，校址在火車線道之旁，並沒有架設高圍牆，但種植很多高聳的樹木作為分隔。操場與鐵道之間就成隱密的區塊，教職人員很少到這個地方來巡察，因此就成為玩紙牌的好地點，也浪費了我不少寶貴的青春。

跨過鐵道是旱田，種植地瓜，收成之後，往往有遺漏未收集到的；我們就去尋找，挖到地瓜之後就先做個土窯，等土窯燒熱後就把地瓜埋在打碎的土窯碎塊裡，三、四十分鐘過後回來吃已被烤熟了的地瓜，覺得美味無窮。偷來的東西感覺總比買來的好吃。

沒有立定志向要好好讀書，糊裡糊塗考上高中

初中的時候得了個「少爺」的綽號，連體育老師上課時都這麼叫我。那時我們的家境並不富裕，可能被祖母嬌寵得有點像有錢人少爺的樣子，才被同學取這樣的綽號。我們班上有位林人智同學是有名林商號三合板的子弟，他騎的是菲利浦牌的變速腳踏車，可能比現在開法拉利跑車還要神氣，但他就沒有得到類似的綽號。

由於我沒有立定志向要好好讀書，也許是遺傳自父親，凡事不關心，當然成績也不很好。幸好命運之神時常照顧我，報考高中時，我又糊裡糊塗只報考本校，幸好也被錄取了。但放榜後，我只曉得嬉戲遊玩，連註冊的日子都不記住。有天下午，正巧初二時的數學老師走過家門，我打個招呼問老師好。大概因為我數學成績還不錯，他對我印象很好，知道我被錄取了，隨口問了一句：「你今天註冊過了嗎？」我一驚，根本不知有註冊這麼一回事。那時候已過了註冊的時間，老師知道我還沒有註冊，立刻要我向父母拿錢，親自帶我去學校的註冊組，拜託職員讓我補註冊。要不是老師適時來到，恐怕我就會輟學一整年，說不定一年之後也重考不上，也說不定從此就要跟父親一起做賣蔬菜、水果的生意了。

父親在鹽埕區開了一間水果店

父親從鼓山區搬到鹽埕區與四叔父一家人同住時，就在家裡開了個水果店。剛開始的階段，我記得晚上還經常和父親推着一輛小車子，到人潮較多的地點賣西瓜。擺攤的時候，得先把大西瓜切成一片片的放在玻璃櫃中展示，等待行人來購買。如果收攤時剩下很多，回家後，大家就隨意把汁吸一吸，把西瓜渣給吐了出來，表示吃掉了，沒有浪費食物。記得上台北讀大學時，同學見我如此蹧蹋西瓜，無不瞠目結舌，露出非常驚異的樣子。我努力了一段時間，才學會把西瓜渣給吞下去。但到現在，我還不習慣把橘子的渣吞下去，所以盡量不在公眾面前吃橘子，免得讓人留下不良的印象。家弟雖也已六十幾歲了，吃西瓜仍然還要吐渣。三十年後回到台灣，當年的朋友——哲學系的郭博文教授和歷史系的張元教授，已幾次提到我這個老毛病。

停靠高雄港的船隻越來越多，家裡的生意也慢慢偏重於大量供應來往港台船隻的生意，不再到街道擺攤子了。香港市場需要大量的台灣西瓜、年糕、牛肉乾等物品，可能那時還沒有正

父親推着一輛小車子，到人潮較多的地點賣西瓜。擺攤的時候，得先把大西瓜切成一片片的放在玻璃櫃中展示，等待行人來購買。

式出口的管道或執照。形式上，我們是提供船員在海上航行時個人消費的需要，其實船員們都是以幾百斤的單位在購買。把物品遞送上船不是人人都被允許的，還要有牌照才可以做這門生意，而且還得與管制上下船的警務人員有交情，才能把超量的貨物送上船，其利潤當然要比一般的水果店舖高。

父親的三個兄弟都做碼頭的生意。父親和四叔父住在一起，與人合夥做供應港台貨輪的水果生意。大伯父與二伯父住在不遠的五福路相鄰隔壁，大伯父供應外國商船與軍艦的各類需要。二伯父則為衣物的洗滌。大伯父的從業員接待很多外國船隻，經常有機會招待客人到酒家、飯館消費，外商也往往回贈船上的物品。食品是最常見的餽贈，所以我們經常吃到外國的火腿、香腸、牛排、牛油、冰淇淋、通心粉、咖哩、蘋果、葡萄等等，在當時可算是非常另類的家族。叔叔還玩留聲機、照相機，也雕刻水仙花盆景。

在碼頭耳濡目染，很快學會麻將的遊戲方法

我家因為距離碼頭近，從事供應物品的其他店家的從業員，也大都在我們的店內聚集，等待船隻的訊息。在等待的時間，人數夠了就組成一組，在我家後院打起麻將來，或是在店外聊天。人多的地方，流動攤販就自然會前來兜賣小吃，大人們也大半順便多買，分些給我們小孩子吃。在這樣的環境裡，我不但經常有東西吃，而且耳濡目染，很快就了解麻將的遊戲方法。我太太嫁來我家後也被要求學打麻將，但她只是勉強應付，並不真心喜歡這種具有賭博成分的遊戲。

當生意來的時候，卡車運來西瓜，把店的內外都堆滿得像山一般高。媽媽、嬸母與其他同夥人的家眷，把每一個西瓜分別裝進一個用竹片編織的小籠子裡，再用粗麻繩把籠子綑綁牢固，等待男人們用腳踏車把貨物送上船。那時不能利用有輪子的板車輸送港輪的貨物，只能使用腳踏車。每一輛腳踏車都利用車的手把與後座，懸掛幾個籠子，用騎車的方式把貨物運送到碼頭，然後用手提的方式送達到船員們指定的空間去。因為在文書上，那是船員們在航海期間

自用的少量貨物，不能用貨車一類的交通工具運送，而且只能利用正式卸裝貨物之後與起航之前的短暫時間才可以送貨，故只能在限定時間內往復不停地少量運送，塞到各船員所屬的各個角落去。送完貨品之後，當天就結算所得，分發紅利。這時免不了要加菜金，多買些肉類來吃。如果是賣牛肉乾，少量的拿來當零食也不會被責罵。身為小孩子的我們，沒有不期盼有這樣的生意。

我們的水果店還有一個任務。高雄市有個堀江市場，就在我家的鄰近，專門賣舶來商品，貨源大都來自港輪的船員。舶來品規定是不許入口的，但船員會零星地把東西帶下船來，檢查站的執勤人員也就暗中放行。船員為了報答，就會把禮物寄存在我們的店舖，指定要交給幾點到幾點值班的人員。值班的人自然也會來店舖報知幾點到幾點的班，而把東西拿去，所以也比較不會計較我們送了過量的水果到船上去，以之為回報。也因此，我經常見到台灣少見的商品。

從事供應物品的其他店家的從業員，在等待船隻的時間，在我家的後院打起麻將來。

誆騙兩個月的補習費，到夜市閒逛去

高中考上初中已就讀的省立高雄中學，沒有環境的新鮮感，自己似乎有想到在學業上有所振作的樣子，但是英文一課還是一點進步也沒有。大概從高一開始，雖也有三年後要報考大學的宿命感，但還是缺乏決心。記得曾經向父親要過錢去補習功課，第一個月確確實實去補習了，第二個月就不去補習而改到夜市閒逛，尤其是有操練把式而賣膏藥的地方，很容易就混過一個晚上。第三個月覺得這樣過日子無意義，也完全無新鮮感，所以連向父親誆騙補習費也不想，就不出門補習了。待在家裡多少也可讀一點書，應付一些功課。

高中時我做了一件印象深刻的事。班上有位同學吹噓自己勇敢，不怕傷痛，有一天他拿出一把折疊刀子，要試試看誰有膽氣投射到他身上，他不會閃避以示勇敢。我傻里傻氣地真的接過刀子，從幾公尺外用力把刀子丟過去，本以為刀刃不會插在他身上的，誰知刀子轉了幾圈就插在他的右腿上，血也頓時跟著流了下來。這位同學真的咬緊牙根，沒有哀叫喊痛，倒是我見到鮮血從刀口流了下來，不禁有點暈眩的感覺。從此我就怕見到血，連體檢要抽血檢驗時也不敢注視針筒。

不得不休學，決心在家用功讀書

我決心用功讀書的關鍵是在高三。那時大專聯考分三組，甲組屬理工科，乙組文法科，丙組農醫科。我就讀甲組的班級，由於我的學業成績並不很理想，考慮到如果考不上理想的大學時，還可以回校再繼續攻讀報考，於是我沒有與家長商量就辦理了休學的手續，想以同等學歷的資格報考。

想不到那年突然改變報考的資格，同等學歷不能報考，一定要持有高中畢業的文憑。休學既然已成為事實，不能回學校學習，我只好賦閒在家。因為已不能參加大專聯考，自己也就不用急著讀書。幸好父母親對於我的學業並不太關心，也沒有因此責罵我，說不定還高興多少多個幫手呢。

走進書店，看到影響我一生的一本書

有一天，我走進一家書店，看到一本書，是清代王念孫注釋的《廣雅疏證》。我從來沒有聽過這個書名，也不知是基於何種動機，有可能是讀了開卷的前二條的句子讓我有很深的疑惑。第一條是「古、昔、先、創、方、作、造、朔、萌、芽、本、根、蘖、鼃、萐、昌、孟、鼻、業、始也。」第二條是「乾、官、元、首、主、上、伯、子、男、卿、大夫、令、長、龍、嫡、郎、將、日、正、君也。」其上所舉眾多的字，有些是我認識，也了解其意義的，但有些字則和我理解的意義有所差別，而有些字則根本不認識。為什麼這麼多的字具有同樣的意義呢？我想一探究竟。

買了回去一讀，從王念孫的注解裡，方知一個字出現在不同句子裡就可能會有不同的意義。那麼，如何確定某個字在句子中是使用眾多意義中的哪一個呢？抱著這樣的疑惑，我耐心地一條一條讀下去。覺得「釋詁」的章節最有趣，「釋言」、「釋訓」也不錯。當時並不知道這是訓詁學的重要著作之一，只覺得中國的文字真奧妙，一個字可以有很多不同的意義，甚至是相反的意義，同時很多字又可以表達同一個意義。

為了滿足自己的好奇心，接著又讀了王引之的《經傳釋詞》、《經義述聞》，俞樾的《古書疑義舉例》等書，甚至更進一步，讀了書中所舉經籍的原典。我終於發現自己的興趣所在，因此決定復學後要改選讀乙組的課程，將來報考中文系。

影響我最深的一個人

我們家的水果店開在碼頭附近，長輩結識了好幾個因買水果而認識的要好海軍朋友。其中有一位馬崇彪先生，我們小孩管叫他為馬叔叔。有一天他向父母親建議，他有個好友的英文很好，可以免費來家裡教我英文，父母親沒有理由不要我接受這種免費的補習。這位老師名叫陳文模，大我不到二十歲，待我有如親弟弟，因此我都直呼他的名字「文模」。在大陸淪陷的時候，他的長輩是海軍的艦長，因此把他登錄為士兵，帶到台灣來。文模雖然無心軍旅的生涯，但當時政府的政策是沒有重大過錯的不准退伍，他就無奈當起海軍來。當時海軍並無頻繁的出勤任務，經常停靠在高雄或左營港，所以經常有時間來我家教我英文。

當時軍人的薪俸非常微薄，他不但沒有收取補習費用，因為見到我是個可造就的孩子，有時還帶我去冰果室吃冰，甚至到他服務的軍艦上遊玩、吃飯。他很關心我的生活與學習成績，甚至擬稿為我撰寫戀愛信件，讓我專心讀書。他去找遠地的朋友時，有時也帶我去，他成了我生活中最親密的大哥。我感受到有人關心我的學業，覺得不能辜負這種期待，因此決心用功讀書。可能由於我的天資還不差，除了英文因基礎太差，不能立刻迎頭趕上之外，其他功課都有相當的成效，老師也對我刮目相看。到了畢業在即，成績已是全班之冠，對考上大學有完全的信心；報考時我只填了三項志願，台大中文系、師大國文系、政大中文系。放榜後，榮登台大中文系的榜首。

可惜我和陳文模在一起的時間不能延長。他不抽煙、不飲酒，生活完全正常，竟然罹患了鼻咽癌。在聯考之前他就上台北醫病，否則他肯定會陪我到台南參加聯考的。我上台北就讀時，把他的朋友們為他籌募的二千元醫療費交給他，他和我搭公車到台大的第十宿舍，要介紹他就讀於農學院的表弟給我認識，結果錢在公車上被扒走了。當時我很沮喪，但他卻泰然處之，還安慰我不必為身外物傷心。見到表弟時，竟然笑著要表弟猜剛才發生了何事，表弟笑著反問，是系狀元到了嗎？

我在台北讀書的時候，他又轉診到高雄的軍醫院，不能及時當我航行的明燈了。他是位彬彬有禮的知識分子，口不出惡言，循循善誘，導人向善的君子、好人。可是在一年級的暑假我回高雄，到醫院探望他時，卻見他形容枯槁，兩眼深陷，全身瘦成皮包骨，被綁在病床上。我向他報告我一年學習的進展時，他無神的眼珠動也不動，半點回應的神態也沒有。醫生解釋，癌細胞已侵犯及他的腦部，病人已無法控制自己的行動，時常會暴力對待看護人員或亂蹦亂跳，所以院方才不得已將他綁在病床上。不久他就過世了。他的臉孔及身材很像亨利．方達所扮演的《戰爭與和平》電影中的男主角比爾，每次看這部片子，我眼眶不禁就泛紅，又興起一陣思念之情。

美軍軍艦停靠高雄碼頭，經常見到酒吧街的酒女調情

讀高中的時候，越戰開始激烈，補給戰場物資的美軍軍艦非常多。軍士們也需要渡假，紓解身心的疲憊。日本距離越南太遠，可能物價也比台灣昂貴，因此很多軍艦就停靠在基隆或高雄的碼頭，補充物資並讓官兵休假。尤其是一九六四年美國正式加入戰場後，來台灣渡假的美軍更多。我家不但在通往碼頭的道路上，又非常鄰近碼頭，因地緣之便，附近很多人家就被租賃而紛紛改做招待美軍的酒吧生意。我家的前方和左右就開設了近十家之多，右手隔壁就是其中之一。酒吧裡不但供應酒精飲料，也有酒女坐檯、陪舞，甚至被帶到場外做更進一步的交易。

每一家的音樂都播放得震天價響，在酒吧外走廊調情的也不少。祖母和我就住在半樓裡，這些情景一一在目。祖母來自非常保守的澎湖，又屬於上一代的人，對這些擁擁抱抱、當眾接吻的行為當然非常不以為然，經常就在樓上「不要臉」、「齷齪」唸個不停。有些酒女在休閒時也會來買水果或借個什麼東西的，和我家的人有點熟稔。有些酒女故意要逗祖母，會向祖母

說：「阿婆，妳摸摸看，我的（胸部）是真的。」祖母無趣的轉頭就走，大家也就哈哈大笑。若有酒女前來廚房找媽媽或嬸母聊些話題，因她們有時穿著比較單薄又不太在意被人看到，在我們店裡聚集時，等待船隻訊息的從業員們，就經常藉故要上洗手間而偷偷地瞄一眼，一飽眼福。在這種環境下，我準備參加大專聯考的考試。

1964年美國正式加入越戰戰場後，來台灣度假的美軍更多。我家不但在通往碼頭的道路上，又非常鄰近碼頭，附近很多人家就被租賃而紛紛改作招待美軍的酒吧生意。

再也不畏忌打起孩子毫不手軟的大伯父

國小一年級搬到鹽埕區與叔叔同住後，可以照顧我的人更多。媽媽既要忙家務，又要照料水果店，尤其是小我七歲的弟弟誕生後，她更忙了起來，無暇顧慮我的事情。直到有一天，大概是高三的時候，她對我的態度大大地改變了。

祖母的孩子從小都把大哥當成自己的父親看待，敬畏他，賺來的錢都交給他。全家從澎湖搬到高雄後也還都是如此，直到每個人都成家立業了，才不再把錢交給大哥。大伯父擁有一張供應外國船舶日用品與五金的牌照，僱了幾個人替他辦事情，在諸兄弟中最有錢財，但他從不在經濟上幫忙弟弟們。不但如此，還習慣地把弟弟家中的東西任意處置。他一到家裡來，看到從市場買回來將作為全家人的飯菜材料，經常就把自己喜歡吃的東西先烹煮來吃，不管其他的人有沒有得吃。大伯父還有酗酒打人的惡習，每當他喝得差不多時，不管是他自家或弟弟們的兒女，就抓來打，以致於小孩子們一見大伯父喝了酒，都想辦法躲起來。由於從小以來對大伯父的積畏已成習慣，家中沒有人敢出面勸阻。最氣人的是，他不差遣自己的兒女，往往從他家裡打電話來水果店，要我騎着腳踏車去替他到市場攤販買零食給他送去。那時我正在準備大專聯考，那是高中生關係一生的最重要時刻，一刻也浪費不得，但我又不敢不去，因為不去會惹來更大的災難。因此，我曾經一度想離家出走，心想以自己的才智，萬沒有找不到可糊口的工作以求發展。這件事我向來隱藏在心裡，這是第一次披露。

大伯父對家裡的人常不友善，甚至對自己的母親（即祖母）也常斥罵凌辱。媽媽的個性比較剛直，有時敢頂撞大伯父，因此大伯父就罵她為「大嬸娘」，有一次甚至作勢要打她，還要父親休了她。四叔父一向自詡公正，能主持公義，什麼人也不怕，他打起孩子來更是毫不手軟，以至於有一次，家弟竟然問媽媽可不可以換個叔叔。當時我忍無可忍，聲淚俱下，大聲詰問叔叔，如真有正義感，如何放任大伯父欺負我媽媽，破壞我們的家庭。叔叔被我的正氣所懾服，啞口無言，大伯父也不敢怎樣。當時我真的想，大不了一命換一命，有什麼可畏忌的。可見我當時的氣憤程度多大。從此媽媽對我另眼看待，和自己的兒子沒有兩樣，甚至更好。

為了見初戀女友，坐一整天的慢車上台北

大概從國小五年級起，我就讀的都是男生班或男校，沒有機會接觸堂姊妹以外的女性。那時候年紀幼小的小學生，普遍存在着不正常的觀念，排斥同年齡層的異性，與女生並坐時，課桌就畫中線，不相互過界侵犯。記得小學的時候，語文課造句時，故意寫不敬女生的句子，還被老師處罰。

嬸母有兩個哥哥，住在嘉義，我們家裡的小孩都叫他們為舅舅。二舅父育有兩位女兒，嬸母有意親上加親，想把年長的姪女和我湊成對。就在我休學那一年的暑假，二舅做生意來到高雄，順便把我帶回家去玩幾天。在嘉義，我不但認識兩個表妹，更認識和我同年齡的她們的堂姊。接著她們三人也跟隨着我到高雄來玩。這位堂姊就讀於台北的私立金甌女中。台北的學生比較開朗、活潑、大方。在一起遊玩的過程中，我們彼此有好感，分開之後，就秘密有書信來往。因為家長會檢查我的信件，我就以教我英文的「文模」的地址通信。為了我的學業著想、不讓我分心，文模竟然還替我撰寫文稿，由我抄寫寄出去。不知什麼原因，她竟然好久不回

信。文模就建議把信件寄給他在金甌女中當訓導主任的朋友，由訓導主任把信轉交給她。她接到信後大為驚慌，立刻寫信到家裡的地址，要我不要再把信寄到學校去。這封信被叔父拆開，沒有看清楚寄信者是誰，以為是他姪女寄來的，要我以後把信寄到她家去。

復學後的高三期間，烏拉圭足球隊來台灣跟代表中華民國的香港足球隊比賽。高雄中學盛行足球運動，我雖不是校隊，卻也很喜歡踢球。有這樣難得的國際比賽機會，一方面也想找機會見上她一面——那時與我同年齡的大伯父二女兒，因大專聯考不理想，上台北補習，長輩也介紹堂妹到她在台北借住的親戚家住——我就拜托堂妹替我買球賽的票，希望去取票時，有機會見到她一面。遺憾的是，我坐了一整天的慢車上台北，前去取票時，她卻不在家。居住此家的人對於我已快聯考了還有心情遠道來看球賽，不免有些不解。看了球賽後不久，在上體育課踢足球時，我碰巧跳躍起來以頭撞球，竟然把球撞進了球門，同學無不佩服我僅僅看了一場球賽，技術就大為精進了起來。其實那只是偶然，以後再也沒有值得稱讚的表現了。

我雖然心中很愛慕她，但嬸母表現出希望我娶她姪女的心願，我思考後，決定與她疏遠。

後來，考上台灣大學要北上註冊時，計畫在嘉義停一、二天，拜訪文模的朋友，正好他的夫人也是嬸母的女中同學。她到車站來接我，叫來一輛三輪車，那時我不知有什麼想法，竟然不敢與她同坐，也叫來一部三輪車，兩輛車一前一後來到朋友的家。同時我也非常的幼稚，把文模幫我寫給她的信件原稿送給她，大概是要表達我對她的愛慕是虛偽的，不值得繼續再與我交朋友吧。她默默地收了信稿就回家去了。

那時候年紀幼小的小學生，與女生並坐時，課桌就畫中線，不相互過界侵犯。

跟青澀的初戀道別

上了大學後，我以為她沒有考取大專學校，大概是因為我寄了一本書到她嘉義的家，很意外地接到一張明信片，說她在台北讀實踐家政專科學校。在台北的第一次見面，她就要我教她生物，我回答我哪有資格給她補習生物課，竟然察覺不出她希望我常去見她的弦外之音。每次與她約會，我都騎腳踏車赴約，所以大半的約會都是一邊推着車一邊聊天。她一再要求我改搭公車，但那時我身體不知何處出了毛病，每次搭公共汽車必會嘔吐，所以沒法如她的願，以致於她經常要送我回學校後才搭車回去。

雖然和她在一起是非常快樂的事，但嬸母對我期望的陰影始終驅之不散，竟然失眠了起來，我甚至到台大醫院看精神科，醫師開給我鎮靜劑，希望能幫助我容易睡眠些。後來我雖然不再服藥，但一直到現在，睡眠問題依然困擾著我，稍有聲響我就睡不著，所以每次回到家裡，家裡的時鐘就全都要停擺。

我又做了決定，要再次中斷彼此的交往，以免陷入更深的感情泥淖。大一剛放暑假，我們在植物園約會，並坐在一張長椅子，我示意有話要對她說，正要開口時，有位小販前來兜售東西，經此打岔，我再也沒有勇氣說出準備要說出的話。她催促我說出來，還說不管我說什麼樣的話，她絕不會責怪我的，我只能回答已忘記要說什麼了。第二天我做了更蠢的事，竟在火車站打電話給她，要她猜我是誰，好像懷疑她另有男朋友的意思。她答說，你不是快要搭火車回高雄嗎？怎麼還有時間講電話呢！我一時啞口無言，只好怏怏地掛上電話，上車回家了。

回高雄後，媽媽要我去澎湖探望外公，竟然在馬公答應了一門婚事，將來要娶我的表妹——二姨媽的女兒。更不料，她陪母親來我家玩，她母親要她和我到外面走走，她回答說不想到外面去。但當我提議到外頭走走時，她竟然跟我出去了。在她們要回嘉義時，我送給她在澎湖購買的文石，竟然畫蛇添足，說本來是打算送給嬸母的姪女，現在就先送給她，她當然覺得受辱，不願接受。我想，這也好，反正以後我也不想娶別的人了。

旅居國外許多年後，有一次回到高雄，媽媽說知道她嫁來高雄的家，問我要不要去見她。她嫁給一位律師，經常幫先生抄寫文件，管理辦事處。我和媽媽去辦事處找她，她請我們吃午飯，大方談一些瑣事，之後便再也沒有見面。因為有過這麼一段青澀的初戀，在朋友聚會時我經常開玩笑說：「金甌女中的女生最漂亮、活潑、大方、懂事、溫柔，是最值得追求的對象。」

帶著我的玻璃門書櫃，去唸大學

宿舍的空間一般都很小，很少有大一新生會把書櫃也帶到宿舍裡。前已談及，高三的時候我突然對國學非常有興趣，除了看一些訓詁學的書之外，我還買了《資治通鑑》、《四史》、《御批通鑑輯覽》等大部頭的書。上台北讀書當然要帶這些書到學校去，於是就請求經營木工業的舅舅依我的需要製作個書櫃給我。

書櫃是L形的，約一公尺長，還裝有嵌鑲玻璃的一道開啟的門和兩道滑動的門。高凸部分的寬度正好裝《資治通鑑》，其餘的書就裝在較低的部分。宿舍的同學看到這個訂做的書櫃以及裡頭裝的書籍，無不刮目相看。

身為中文系狀元，一開口卻總是唸錯字

南部的師資一向比北部的差，老師的口音經常南腔北調，當學生的無所適從。當時的物資也比較缺乏，老師也不會要求學生們購買字典一類的參考書，學校也沒有特別要求老師教正確的發音，學生們相互之間以閩南語交談，所以從小學以來就沒有把國語學好。尤其是各類學科考試只考書面知識，字義的問題比較受重視，發音有沒有讀對，老師並不很在意，也很少加以糾正，所以我的國語講得很糟糕，只要一開口，音調就出問題，容易斷定我是南部來的學生。

一九六〇年九月開始大學生活，當時必修的國文與英文課都是依聯考的分數分班，但中文系的國文課就由資深的老師來教。第一堂課，張敬（清徽）老師手拿著放榜的名單，第一個就喊了我的名字，要我讀第一課的第一段。我記得是《史記》的某列傳，只短短二、三十個字，我居然唸錯了約有十個字之多；系狀元怎麼會這樣的差！老師的臉色有點難看。在寒假回鄉過年的火車上，一位學長告訴我，張老師向他們班同學說：「一定是代考的。」

後來張老師漸漸了解我有一定的實力，只是讀音太差而已。隨著在中文系的時間越長，張

老師越喜歡我，甚至在我被禁止回國的期間，清徽老師還持續與我有所聯絡。所以我特別用心地拓印了一張甲骨拓片送給老師，那是一片很大的甲骨，兩面都有刻辭，涉及一件大事，先在正面刻上卜問的貞辭，然後在背面刻上視兆後的占辭，等到卜問的事情有了結果，就寫上驗辭。因發生的是大事件，故又把背面的占辭和驗辭抄寫在正面上。上頭有迄今所知，唯一明顯占斷錯誤的記載，字跡很大，可作為書法欣賞。

大概張老師把拓片拿給金祥恆老師看，金老師等不及它的出版，就在《中國文字》三十八期（一九七〇年十二月），〈加拿大多倫多大學安達黎奧博物館所藏一片牛胛骨刻辭考釋〉加以介紹。金老師沒有事先向我詢問這片甲骨收藏的情況，報導有些錯誤，所以我在多倫多大學的老師史景成教授也寫了〈加拿大安省皇家博物館所藏一片大胛骨的刻辭考釋〉，刊在《中國文字》四十六期（一九七二年十二月）加以澄清，並對部分內容有所討論。後來我被批准可以回國了，每次回來，也都陪老師去聽戲、吃飯。一九九一年，我出版《古事雜談》時老師也替我寫序，我出版了十幾本書，請老師為我寫序的也只有這一本而已，可見我多麼珍惜張老師對我的教誨。序裡老師說我為人誠懇，那真的是我對自己期許的目標。

拓本反面

拓本正面

送給張老師的拓本，上面的刻辭有迄今唯一的錯誤占斷。

大學宿舍裡讀武俠小說，閱讀團成員許多都成為了大學教授

看武俠小說是當時學生們很普遍的現象。我先從漫畫書，也就是連環畫冊看起。那時出租連環畫冊的小攤子很多，價格不貴，可以當場看，也可以租回家與大家分享。連環畫冊的內容五花八門，圖繪大都是線條描的，也有取自電影的照相版。

小學的時候我對愛情故事不感興趣，閱讀常偏重於俠義故事，像《施公案》、《七俠五義》、《水滸傳》一類的故事。到了中學更延伸至報紙連載的《土包子下江南》、《牛伯伯打游擊》一類的政治漫畫。更因繪畫《牛伯伯打游擊》的作者牛哥也以李費蒙的筆名發表《賭國仇城》、《情報販子》等長篇小說，我也開始有閱讀長篇小說的習慣，尤其是武俠小說。

在中學的時代，升學是學子們最重要的奮鬥目標，任何妨害升學的事都被認為不正當，所以在學校裡就一定不能讓老師知道自己在讀武俠小說，在家裡也都是偷偷摸摸的，怕被家長發現而怪責之。在家裡閱讀時，每當有家人走近，就慌慌張張，用學校的課本把武俠小說給遮蓋住；祖母不知其利害所在，有次竟然問起我為何讀書還做這種慌張的動作。

大學時住進台大的新生宿舍，地段比較偏遠，四周又都是田埂，交通不方便，別無其他的娛樂項目，只好用租來的武俠小說排遣及紓解學習的困頓。租來的書有期限，所以大家要盡快讀完，以免錯失歸還期限。武俠小說的裝訂都是小冊的，常常是書一被租來，大家就輪番閱讀。好多現在當教授的人，當時都是我們閱讀團的成員。

當時我另有一個封號。讀書的時候我習慣用不同顏色的筆做不同的記號，所以上衣口袋經常帶有幾支書寫不同顏色的鋼筆，也是很另類的，因此得了「五星上將」的諢號。

升到大學二、三年級時，歷史系同學李榮村住在專門收納僑生的宿舍，那邊有比較好的伙食，我偶爾也去那邊用餐，就會去找他下象棋。李榮村的棋藝比我高出很多，輸一盤付一塊錢。有時下到中盤，他還可以讓我換邊繼續交戰，我還是輸給他。輸了多次以後，就又讓我一隻馬，還是輸多贏少，我因之也就失去跟他下棋的意願了。

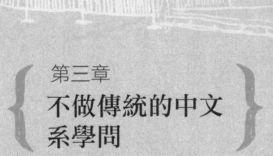

第三章

不做傳統的中文系學問

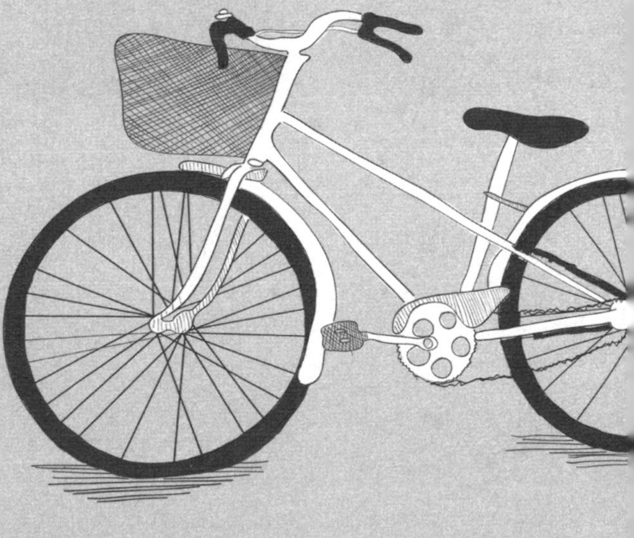

旁聽文字學，初識甲骨文

高三在讀《廣雅疏證》時，就了解到中國文字、聲韻與訓詁學之間的密切關係。所以上了大學，我就有很大的企圖心，決定去旁聽二年級的文字學與三年級的聲韻學。戴君仁老師教文字學，以王筠的《文字蒙求》為主要教材。旁聽了一段時間之後，覺得還不能滿足我的學習目標，所以私下又閱讀段玉裁的《說文解字注》，每當有疑惑時就拿去問老師。

印象比較深的問題，是讀到「𥂝（盟）」這個字，歸屬在囧部之下。解說囧是窗子的象形字，盟字的意義是諸侯會盟，以盤盛血，從囧，皿聲。以盤盛血而立盟好像是一種對會意字的解釋方式，但結構的分析卻又說是形聲！段玉裁的注解又說盟字的三種字形本來都從「血」聲，因血與盟的聲韻不諧合，所以改為從「皿」聲。我不理解，如果是從「皿」聲，則「囧」的部分該為表達意義的意符，所以「囧」的意義應該與諸侯的會盟有關。但「囧」既然是個窗子的象形字，窗子又如何會與諸侯的會盟有關呢？如果依據段玉裁的注，「皿」是聲符，則其篆文與古文的「明」的部分豈不是成為意符，那麼「明」這個意符和諸侯會盟又有什麼創意上的關係呢？

戴老師對我一連串的問題感到驚訝，一個大一學生如果因好奇而讀《說文解字》也就罷了，竟然還提出讓他難以解答的問題，所以對我刮目相看，也愛護有加，後來給了我好多的鼓勵與幫助。系裡對文字學有專攻的還有金祥恆老師，我也向他請教好幾次，那年文學院的古文字研究室創刊《中國文字》，金老師送我一本，裡頭有篇他寫的文章〈釋虎〉，談到虎字的甲骨文，就畫一隻老虎的形象，後來經過各種演變，逐漸成為現在的虎字以及隸書、草書等各種型態。我讀了之後很受啟發，了解到若要對中國文字的創意有正確解答，以目前資料保存的狀況來看，應該從商代的甲骨文下手，因此就確定了自己以後從事學問的目標——甲骨學。

到了大一下學期，就經常請教金祥恆老師有關甲骨學的內容。金老師很高興我有學習甲骨學的興趣，同意讓我在暑假期間到他的研究室——第十研究室（古文字學研究室）看書，因為所有關於甲骨學的書籍都存放在那裡。考完期末考，心情已輕鬆，第二天一早，就來到第十研究室報到；門已開啟，但金老師還沒到來，有位坐在門旁書桌的女士讓我進去。我坐在大桌的椅子等候，並拿出帶去的書來閱讀。不久，有位個子不高的老人家走進來，問我幹什麼，我答說金先生讓我來這裡讀書；他又問我現在看的是什麼書，答以段玉裁的《說文解字注》；接著又問我讀了有什麼感想，我答以覺得書中有不少的錯誤。他一聽到這個回答，竟然大聲斥罵起我來，我一時獃住，也不知老人家動怒的原因，就動也不敢動，竟然接受近半個小時的怒罵。等到他有點氣緩的時候，才趁虛趕快逃離圍睹第十研究室的人群。事後一打聽，才曉得這位老人家是鼎鼎大名的甲骨學者董作賓先生，因為中風過，有時情緒不穩定，所以我才因小事被怒罵。從此我就不太敢接近第十研究室，怕遇見董先生。

董先生去世後，金老師就讓我在第十研究室有個位子，並把研究室的鑰匙交給我。學長黃然偉當時也有一個位子，他後來到澳洲讀博士，就在哪兒任教。那時系裡還有兩個研究古文字學的學長，一個是劉文獻，但很少在學校見到他，後來留學日本去了；另一個是韓耀隆，比較偏重於文法方面的研究，後來到私立淡江大學任教。看來當時還有不少同學對古文字有興趣，不像現在寥寥無幾。

與表妹的婚約

被董先生一罵，我只好打消暑假留在學校學甲骨學的念頭，而回高雄了。回到家後，媽媽要我到澎湖去探望外公，同時也聽到二姨媽的女兒來我們家拜訪過，而我的好朋友——高三的同班同學，也來家裡找過這位表妹。於是我就依媽媽的意思，搭船去澎湖的馬公找外公，打算住幾天，禮貌性的拜訪而已。外公先是育有三女，家母排序第三，於送給祖母後，外婆連續生育三個男孩。除母親隨祖母到高雄外，外公的子女都在馬公成家立業，所以我有很多親人需要一一前去拜訪。外公兼營鞋店的家是在一條只有一公尺寬的老窄巷裡，以前是馬公最熱鬧的商業街道，名叫中央街，當時已沒落，少有客人前來光顧、訂做皮鞋了（現在已被改建為觀光區）。外公也只把開店當作打發時間的玩意，整天在馬公街道串門子，他還曾到處張揚我考上台大中文系第一名的訊息。外婆長年吃齋禮佛，除料理她跟外公的三餐外，偶爾也照顧一下鞋店的門面。我就住在外公家的樓上，白天一一到各位舅舅與姨媽的家拜訪。

二姨丈在醫院當總務，二姨媽在菜市場內經營日用百貨的買賣，生意非常的好。三舅媽就在其隔壁經營鞋店。初次拜訪時，二姨媽問了很多關於我那位高中同學的事情。這位同學考上的學校不理想，所以沒有去報到，想自修一年後再重考。姨媽關心他之所以不去註冊是否考慮到經濟因素，表示可以給予經濟上的幫助等等情事。二姨丈本是高雄人，在未搬到馬公前，他們就住在我朋友家的隔壁，所以表妹和我同學可以說是青梅竹馬。姨媽的話語讓我感覺到姨媽有意將表妹匹配給我的朋友，我也很高興可以和我的朋友有更進一層的關係。

本來我打算在馬公只作短暫的拜訪就回高雄，不料碰上了颱風，澎湖與台灣本島的交通完全中斷，我只好繼續住下去，等待恢復通航。姨媽也改變了話題，開始對我的狀況做種種探問，包括個人的隱密事，像有沒有女朋友之類的事。還有，說她小時候與我母親的交情如何要好，經常偷偷幫助母親等往事。隔天竟說母親托夢給她，希望能促成我與表妹的親事，讓她們姐妹更加親上加親，因此希望我同意母親的願望，與表妹結婚。我感到相當的詫異，原先不是有意要把表妹許配給我的朋友的嗎！怎麼卻變成要許配給我了呢？我不知如何應對才好，回應說要私下與表妹談談才行。姨媽沒有生育兒女，領養了一個女孩與一個男孩，我和表妹沒有血緣上的關係，所以結婚是不礙事的。其實以前的社會還鼓勵交表婚，現在是基於優生學的原因，法律才明文規定表兄妹之間不能通婚。

當時澎湖的民風非常保守，連已訂了婚的人都不能私下見面，我的要求算是有一點難安排，不過，還是讓表妹和我私下談話。剛開始時，我們兩人默默以對，不知從何處開口才好，畢竟是我請求要與表妹談話的，所以我先開口問她和我朋友的交情，她回答因為小時候是鄰居的關係，所以保持聯絡，但也只是維持普通朋友的關係而已。我再問她知道母親要把她許配給我的意願嗎？表妹答說知道。那麼，同意嗎？答說同意。我那時正好戴有一件嬸母買給我的金戒指，就脫下來送給她，她也回送自己所戴的戒指。婚事就這樣定下來了。

我在澎湖拜訪親戚的這段期間，二姨丈正好出差到台灣本島去了，表妹婚約之事沒有被諮詢到。姨丈很疼表妹，竟然沒有參與這樣重要的決定，當然非常不愉快，但我的學歷和人品沒有什麼好挑剔的，所以並沒有做太多的反對。我回高雄後告訴媽媽這件婚約，她覺得既然我本人已做了決定，就沒有什麼好反對的餘地了，何況大家都是親戚呢！但要我暫時對嬸母隱瞞這個消息，因為嬸母有意要促成我與她姪女的婚事。從此我就與表妹頻繁通信，培養感情。住宿舍時，一聽到摩托車的聲音，大半就是表妹寄給我的限時信到了。

擔任系總幹事要辦到的三件事

大一下學期，中文系開始辦理系總幹事的改選。系總幹事的主要工作是辦理下一年度的迎新會，出版學生刊物《新潮》。如果有餘力，再舉辦一些像演講、郊遊的活動。中文系的傳統，總幹事一向由二年級或三年級的同學擔任，不知是由哪位同學開始鼓動的，我竟然同意與另一位二年級的學長競選系總幹事。我記得大家的投票意願不高，我雖然得票數較高，但達不到法定的人數，我還得到各班級去爭取簽名，取得法定的當選數目。被選上系總幹事後，我依慣例辦了三件事。

第一是迎新會。全班同學同心協力，有的負責買茶點，有的籌劃節目，有的佈置會場。印象比較深刻的是，某同學在黑板上展示書法，用粉筆寫下幾個中文系迎新晚會一類的大字，大家沒有很費心注意他所寫的字。來賓中有位傅宗堯老師，站起來斥責，讀中文系竟然把字給寫錯了。大家很惶恐，問負責寫字的同學，回答說是出自某一個碑銘，不是錯字。原來南北朝的時候，異族統治中國北方，學習漢人文化，但是學得很不道地，經常寫錯字，以致於唐代有正字樣的舉動。這位老師的指責給我很深的印象，以致於我後來也不太贊同有些書法家以寫這類的錯字為有來源、有學問的態度。（有一次與日本來的某書法家同桌吃飯，他給我看他寫的金文書體作品，我告訴他有個字錯寫成別的字了，想不到同桌的人異口同聲地說，字寫得對不對不重要，要緊的是筆勢的韻味。）

第二是出版《新潮》。雖然我早在一年級的時候就認識高我一班的學長曾永義，他擔任學校刊物《大學新聞》的主編，應該很有編輯經驗，他也可能會答應我的邀請而來編輯《新潮》，但我想這應該是表現我們這一班級能力的時候，所以就敦請同班同學黃啟方來擔任主編。我和啟方在一起學習已有一年的時間了，我很欽佩他在文藝方面的能力。《新潮》出刊後的風評很好，這大半是啟方首次展示他的才華。後來他和曾永義合編《國語日報》的「古今文選」，更當上了國語日報社的董事長。這一期的《新潮》我也貢獻了一篇文章，不是啟方賣的面子，而是教我們詩選的葉嘉瑩老師，把我所寫的作業作為投寄《新潮》的稿件而交給啟方。我報告的內容是有關陶淵明的詩，用「致情」的筆名發表，是我這一生唯一有關中國文學的文章。

第三件事是安排演講。同學們很想聽梁實秋先生的演講，梁先生是研究英國文豪莎士比亞戲劇的專家，我們中文系的學生對於外國文學很陌生，梁先生的大名一定可以吸引來大批的聽眾，比較會有成果。於是我去找系主任臺靜農教授，請臺老師寫一封介紹信，好讓我比較容易邀請得到梁先生。於是我找了哲學系的郭博文同學一起去梁先生的家拜訪。梁先生接見了我們兩個，很客氣地解釋他已好久不作公開的講話，要我們另找其他合適的人。這次雖然沒有邀請到梁先生，但已感受到一位大學者的風采。接著我獨自去見文學院長沈剛伯教授，他一下子想不出好題目，我建議講明代的方孝儒，他說剛在別的地方演講過，需要換個題目講，改天再給我。後來沈院長給的題目是「從蟑螂談到人」，講題新鮮，果然吸引了非常多的聽眾。這次的演講我鬧出一個大烏龍，演講的場所是文學院一樓的教室，不但座無虛席，教室外也擠滿了人，快到了演講的時間，一位同學突然問我，為什麼我還沒有去院長的家恭請院長一起前來。我很懊惱自己缺乏經驗，竟然沒有想到要去迎接院長。我沒有想清楚，也沒有做必要的交代，立刻騎腳踏車飛奔前去沈院長的家，結果得到的回答是沈院長早已出門了。我立刻又奔了回來，沈院長已經在開講了，不知有沒有人上去給作介紹。因門外擠滿了聽眾，不得其門而入，我只好在門外忐忑不安地等待演講結束。

專心研讀文字學

升上二年級後，文字學是必修課，又是自己確定目標的科目，當然要好好學習。這一年的文字學改由李孝定教授來教。李老師的專業就是文字學，尤其他正在編寫《甲骨文字集釋》，這本書的撰寫體例是把各家對某個甲骨文字的解釋匯集在一起，然後以個人的意見做為總結。李老師當然對甲骨學的資料非常熟悉，也是我求教的良好機會。因為被董作賓先生責罵後，一時不太敢接近第十研究室向金祥恆老師請教，所以這一年大半的時間都向李老師求教。李老師大概沒有碰到過這樣對甲骨學有興趣的大學部學生，所以也悉心教導。到了下學期，他告訴我一個申請研究專案的機會。原來美國某機構提供經費，在台灣成立中國東亞學術研究基金，重點是提供必要的獎助，以期提高對某些學科做研究的意願與成果。獎金的項目，獎勵偏重於學習冷門的學問，如選修蒙古文。如果申請從事研究專案類，還需要提交研究的結果。老師要我申請的是專題研究這一項，資格是講師以下這一級。於是我擬了個「商代祭祀的研究」的題目，由戴君仁與李孝定兩位老師共同推薦。應該是這兩位老師的名望，才有可能讓一位大二的學生獲得中國東亞學術研究獎學金。獎金是八千元，為期一年，從下學年開始分四期支領。當時的宿舍伙食費一個月才一百八十元，可想見我是多麼興奮能夠得到這樣高的獎學金。

升上三年級時，上屈萬里（翼鵬）老師的《尚書》課。屈老師是國內有名的學者，在好幾方面都有評價很高的論著。他最有名的是漢石經、經學與版本學的研究。在甲骨學方面，更出版了《殷虛文字甲編考釋》，還有〈河字意義的演變〉、〈岳義稽古〉等超過二十篇的論著，當然是我要仔細請教的大師。屈老師初次看起來有點嚴肅的感覺，後來才知道他非常溫和，喜歡說笑話。

屈老師絕對容忍不同意見的提出。記得講到〈高宗肜日〉這一篇時，他根據甲骨卜辭的現象，反駁歷來說《尚書》者以為是記載商代的高宗武丁祭祀成湯之事，認為應是後代的商王以肜祭祀高宗武丁。這一點是對的，因為要到祖甲的時候才有周祭的制度，但是又引用吳其昌先生的說法，懷疑祖己即武丁之子孝己。當時我已經在進行「商代祭祀的研究」的研究，根據文獻及卜辭，孝己被封為小王，但未及位就去世，所以在商王武丁已死而被祭祀的時候，孝己就不可能還在世而能對武丁有所匡諫。肜祭是周祭系統裡頭的一輪，是到了孝己之弟——祖甲的時代才成為有嚴密系統的祭祀，到了第五期帝乙的時代才又恢復其嚴格的祭祀制度。稱呼祖己應是二代之後才有的稱謂，祖甲之後的兩個世代有嚴密的周祭，最可能是發生在第五期的帝乙與帝辛的時候。

在休息時間，我向老師表達了這個意見，老師大表贊同，下一節課立刻向同學們更正他早先的觀點。屈老師後來成為我論文的指導教授，指導的就是有關周祭（五種祭祀）的研究。

影響我至深的甲骨文學者

大三這一年，我又認識了兩位甲骨學者。其中一位是嚴一萍先生。嚴先生跟董作賓先生學習甲骨學多年，有關甲骨的著作很多，但他不在大學教書，而是創立藝文印書館，大力出版甲骨學的著作，自視為董作賓先生的傳人。金祥恆老師也是董先生的學生，所以把我介紹給嚴先生。文學院古文字研究室出刊《中國文字》都由嚴先生負責印刷方面的事務，他也邀請過我們到他在板橋的家吃飯。後來我出國了，和他保持著頻繁的書信連絡，一直到嚴先生在美國病逝為止。藝文印書館如有出版甲骨方面的書，嚴先生大致都會送我一部，甚至是《商周金文總集》這種大部頭的書。後來我有好幾本中、英文對照的著作，他不顧盈虧，都替我出版。

另一位學者是張秉權先生。李孝定老師是中央研究院與台灣大學合聘的，研究室就設在中央研究院的歷史語言研究所；張秉權先生是歷史語言研究所的研究員，甲骨室的主任，主要的研究是作《殷墟文字丙編》的綴合。我去中央研究院請教李老師，也就認識了張先生。張先生也看重我這位懂得甲骨文的年輕人，讓我進入他的工作室，初次見識到甲骨的實物。

到了我大四的時候，張先生主動提出要我大學畢業後不考研究所，馬上進入歷史語言研究所當他的助理，他保證我當助理的升遷速度可以跟讀碩士班一樣的快。我把這個訊息告知金祥恆與屈萬里兩位老師，徵詢老師們的意見。兩位老師都反對我去歷史語言研究所，認為通過研究所的管道比較正確，進階比較可靠。我也和張先生的助理——劉淵臨先生很熟，他的專業是把甲骨上的文字給拓印出來，他把全套的拓印技術教給我，使得我日後能夠到加拿大整理明義士博士收藏的甲骨。

未婚妻補習刺繡、裁衣、插花等才藝，為主持家計作準備

我的表妹蕭幸花，初中畢業之後就幫媽媽的忙，照料小百貨店的生意，有時也到本島來訂購貨物。由於姨媽非常會做生意，客人應接不暇，表妹對於做生意之事並不是很喜愛。既然母親把她許配給我，她就有了不做生意的藉口，她想到台北來學習裁製服裝等技巧，以為將來作為人婦，主持家計作準備。姨媽也同意她上台北來接近我，增加彼此的認識，所以就在離台大不遠的羅斯福路上的登麗美安學校補習刺繡、裁衣、插花等才藝。同時在學校的附近租個房間，我們就有很多在一起的時間，培養感情，校園經常是我們課後的散心之處。

記得我之前領到東亞學術獎學金第一次撥款時，我就把全部的二千元，買了一條很粗的金項鍊送給她。那條項鍊不知幾兩重，看起來實在很俗氣，但我還是個學生，沒有社會歷練，想不出在一個女孩子身上有什麼東西可以花得掉二千元。不過，其他三次撥款，我就用在買書等，不辜負東亞學術研究基金會獎勵我從事研究的美意。

表妹到台北來學習裁製服裝等技巧，以為將來作為人婦，主持家計作準備。

大學四年級時發表文章，有幸識得幾位教授

我向許倬雲教授請教有關周祭（五種祭祀）的時候，大概就是這一學年。五種祭祀是董作賓先生繼有名的〈甲骨斷代研究例〉之後的力作，出版了有名的《殷曆譜》四大冊。我的東亞學術研究題目包括這個子題，經過一年的初步研究，我的結論似乎和董先生的意見有些出入，希望能廣泛和這方面的專家們有交換意見的機會。許倬雲教授是哈佛大學的博士，剛回國來台大歷史系任教，還被選為傑出青年，是我們學生的偶像。他在《大陸雜誌》十卷三期（一九五五年）還發表過〈殷曆譜氣朔新證舉例〉，我想許先生對《殷曆譜》的內容一定有很深的認識，所以透過歷史系的朋友表達想去拜訪的願望。許先生上完課後在教室接見我，我向許先生報告我對五種祭祀研究的概況。許先生坦白跟我說，他對《殷曆譜》的推論過程沒有很深的認識，只是補充董先生結論的一些證據而已。許先生雖然沒有肯定我的推論是對的，起碼肯定我這麼年輕，就能夠對這麼大部頭的著作提出具有建設性的看法。後來在夏威夷我們又再次見面，許先生給了我很大的幫助，讓我永世難忘。

這一年也發生了一件有關張光直先生的事。張光直先生是旅美的知名中國考古學者，在《民族學研究所集刊》十五期（一九六三年）發表了〈商王廟號新考〉的文章。張先生發現商王的廟號可分為兩個大派別，這兩大派別輪流執政，上下二代的關係是舅甥而非父子。我覺得似乎可以從商代舉行周祭的規律的觀點提出論辯。我歸納甲骨第五期對上甲以來先王、先妣所舉行的周祭的名單和日期，從其祀譜編排的規律，發現商王法定配偶的數目不大於及位子的數目，母親的特殊地位的取得是因為有兒子及位；早期的規律是母以子貴，後期才改為子以母貴，上下兩代的王的血統關係是父子而非舅甥。於是寫了一篇〈對張光直先生的「商王廟號新考」的幾點意見〉向屈萬里老師請教，老師就把它轉寄至《民族學研究所集刊》的編輯部，看看是否可以刊登。

大家不相信一個四年級的學生有能力對大學者的論點提出辯正的意見，於是紛紛猜測那是屈老師所寫，因為不好意思由自己批評後輩，所以要以我的名字發表。聽到這樣的傳聞，不免有點不平，又不是如何了不起的文章，怎麼會說大學生沒有能力撰寫呢；但是心中也竊喜，可見文章寫得有點分量，人家才會有這種揣測。後來《民族學研究所集刊》的編輯部寄來信件，也附有張光直先生的回答，問我打算不打算把文章抽回來不發表。我覺得自己確實有一些並非沒理由的觀點，而且一個大學四年級學生的文章能夠登上中央研究院的學術刊物應該是種榮譽，所以回答說還是想刊登出來，終於在一九六五年春天的《民族學研究所集刊》十九期刊出。

後來在國外，我有幾度和張光直先生見面，大家又心平氣和地做一些討論。甚至我在發表了有關以甲骨鑽鑿型態斷代的專著後，張先生當面對我說，我收集的例證，在統計學上已達到可以取信的標準。後來在中研院紀念傅斯年與董作賓兩位先生的刊物的序裡，更讚許我的鑽鑿斷代為第十一個斷代標準。我還獲悉張先生兩度推薦我回國來參加漢學會議。對於張先生處處展現大學者的寬廣胸襟，從來不因學術意見的不同而影響對某人的評價，是我深深崇敬與佩服的。

這一年是我和李孝定老師來往最頻繁的日子。老師正在完成撰寫《甲骨文字集釋》的最後階段，我要義務幫老師做引文校對原文的工作，所以我經常搭來往學校與中央研究院的交通車，前往老師的研究室，就地翻檢書頁校對，或把原稿帶回學校來做。我很仔細地拜讀過一遍全文，打下非常雄厚的甲骨學基礎。到了收尾的階段，正值我大學畢業，需要服兵役，被分發到遠離台北的地方，只好終止工作。老師在序裡也提到我這段工作經驗。

四年級的時候，我選了鄭騫（因伯）老師的元曲選。那時我對於戲曲的興趣不高，只是想對中文系課程有個較通盤的認識而已，所以並不很認真聽講。有一次上課的時候，我坐在後排

上課的時候，摺了一隻紙飛機把玩，順手把紙飛機丟向窗外，誰知被風一吹，竟然由窗外飛進教室，只見老師從容地吟詠一句「窗外飛來一紙機」。

的位置，有點不專心，摺了一隻紙飛機把玩，正好老師轉過頭在黑板寫字，我就順手把飛機丟向窗外，誰知被風一吹，竟然由窗外飛進教室，而這時老師也寫完字而轉過頭來，看見紙飛機朝他飛來。我嚇得臉色變白，只見老師從容地吟詠一句「窗外飛來一紙機」，又繼續上課，沒有追究是誰的惡作劇。從此我對鄭老師就存著一份愧疚之心，對他愈發恭敬。

有效率地自修日文

中學的時候讀到日本侵略中國的歷史，對日本的文化或民族就沒有好感過。那時日本電影在台灣很流行，尤其是愛情片，其衣著更是年輕人愛慕與模仿的事物。奇怪的是，我好像對這些東西不太感興趣。記得那時有部影片叫《請問芳名》，幾乎沒有學生不看的，社會也流行女主角頭上所繫戴的頭巾，但我沒有看過這個片子。但是在日本電影市場的衝擊下，我也不能免俗，看了好幾部三船敏郎主演的影片，尤其是《宮本武藏》。甚至有一次我到日本京都訪問京都大學人文科學研究所，看到有個電影院，放映中村錦之助主演的四集《宮本武藏》，我從早上看到傍晚，還在戲院裡吃午飯。

家裡的長輩都在日治時代長大，都會說日語，有時會用日語交談，尤其是不想讓我們小孩知道內容的時候。但是長久以來，我不但熟悉其語調，個別的辭彙也懂得。大四在專心研究甲骨文的周祭（五種祭祀）問題時，知道除董作賓先生的著作之外，還有一本日本學者島邦男所寫的《殷墟卜辭研究》必須細讀，因此開始自修日文，以期掌握正確的意義。東亞學術基金會給我的獎助，部分就用來買一部錄音機，請嬸母錄音而讓自己跟著錄音練習讀音。可能是自己主動想學習的事務，所以進度比較快，不像英文，從初一以來就年年補考。不久也嘗試用日文跟嬸母通信。結婚後更結交了一位日本筆友，對我的後半生產生了極大的影響。

到日本京都訪問京都大學人文科學研究所，看到有個電影院，放映名叫什麼錦之助主演的全部四集的「宮本武藏」，我就從早上看到傍晚，還在戲院裡吃午飯。

讀完四年大學，往事如煙

大學讀完四年，同學在賦別之際不免有留字、題詞一類的舉動。我由於沒有文藝細胞，字又寫得差，最怕的就是這種場合。但對於有才氣的同學來說，不失是個展現才藝的好機會。我記得和黃啟方合作了一件事，他用當時的流行歌調〈秋詞〉，填詞二章，以抒寫其即將畢業，母親臥病，前程茫然的心境。我用我能用得到的文字學知識，以雙鉤的方式，用原子筆題寫在一位同學的簿子上。同學們以為詞意有共同的心聲，又是流行的曲調，大家都會唱，立刻成為班歌。歌詞不但在班上傳唱，班上一位同學的女朋友的妹妹是電影明星，竟把歌詞也傳到香港的影星群，同學都津津樂道此事。歌詞移錄如下：

「繁華如煙，一夢四年，風雨識得人堪憐。春教人怨，秋愁難遣，含淚笑語話君前。醉不成歡，睡不成眠，有幾回月能圓！匆匆的來了，又匆匆的去了，回首已蒼茫一片！

人生幾何，去日苦多，何事使君空蹉跎！花飄葉落，天涯行客，莫為流雲案悽側。江上狂歌，林間長臥，也有無限歡樂。多少的新愁，多少的舊怨，不如隨風吹過。」

這年我也遭遇了痛失祖母的傷痛。因為母親早逝，祖母有點自責，對我是百般寵愛，藉以彌補沒有母親陪伴我生活的補償。祖母因中風而長年躺臥床上，後來無法自行轉動身體而需家人協助移動，以免皮膚潰爛。祖母是非常潔淨的人，有排泄不能自主的時候，對她來說是更加的不堪。她知道我已有婚約，在彌留之前也早已交代手尾錢和紀念品給未來的孫媳婦。

我以訃聞向單位請二、三天假期以便送喪。銷假回來服務時，輔導長竟然向我說，他已去過我家探查，確實在辦喪事。我聽了後心裡非常的反感，難道一個預備軍官會貪圖短短的二、三天假期，印製假的訃聞來請假嗎？或許他有職責上的必要，但何必告訴我呢？這不是明白告知政府對我們預備軍官人格的不信任嗎？後來他還拉我入黨，我盡量拖延，直到退伍前不久才簽申請表，趕不上入黨的審核時限，所以沒有成功入黨。當時還有個班長，竟然語帶威脅地說，不加入國民黨就是共產黨，等同叛國，用這種拙劣的方法招收黨員。

讀研究所，再拿獎學金

大學畢業，除了少數人，男同學都要去當兵。我在短暫的訓練後被分發到雲林縣的北港空軍警衛旅去當少尉行政官，可是報到後，很可能是為了不讓我知悉部隊的財務，卻名不符實地被改派任教官的工作。這是個小單位，業務是訓練新兵以備分發到各單位去充當站崗的衛兵，每梯次的訓練歷時約兩個月，人員約有一個連的數目，安排每一個月一個梯次的入營與結業，所以經常忙碌於迎新與送舊的儀式。這是我初次體驗到腐敗的體制，讓我有厭惡政府的心態，所以後來我有出國的機會時，就毫不猶疑地接受，沒有考慮到了新環境後是否能適應的問題。

一年期的預備軍官服役期滿，一九六五年的九月回到台大就讀中文研究所。很快就恢復文章的寫作，在《中國文字》十九期發表〈燎祭、封禪與明堂建築〉，提出所謂的明堂建築最初只是一座在高地沒有牆壁的亭子而已，因採光明暢，故有明堂之稱。它是臨時的祭祀場所，不是久居之地，所以不必建有牆壁。後來祭祀山川在戶外，就成為臺壇，祭祀祖先在戶內，就成為明堂。

這時，也開始注意甲骨斷代的問題，日本的貝塚茂樹先生對董作賓先生的斷代標準有異議，那是以後討論到甲骨斷代的問題時，不可避免而要討論到的部分，故而把關鍵性的段落「甲骨文時代區分的基礎——關於貞人的意義」翻譯成中文，刊在《中國文字》二十期，讓大家都能參考。

自從大學三年級以來，我對甲骨周祭的研究已有相當的成果，所以決定以之作為研究所畢業論文的題目。思考自己與金祥恆老師最為接近，而當時屈萬里老師又遠在美國的普林斯頓大學講學，不在台灣，因此請求金老師當我的論文指導教授。但金老師說屈老師將來對我的幫助會更大，何不寫信去美國，向屈老師請求。果然屈老師一口答應了，並要我自己先行研究。這年下學期我也以「卜辭中殷代五種祭祀的研究」的論文題目，再次得到東亞學術基金會八千元的獎助金。

高級英文課，錯把 Horse 當成 House

中文系研究所學生本來沒有必修的高階英文課程，我們這一屆開始卻要必修不算學分的高級英文課，目的是為了提高我們的英文能力。對大部分的中文系同學來說，這是很痛苦的事，起碼我是如此感覺，但也不能不硬著頭皮去修習，因為是必修課。在文學院裡，只有中文系跟歷史系的研究生要修這門課，上課的是位女老師，這位老師大概只教我們這一屆，事隔多年，好像大家都記不起她的名字了。我只記得兩件事，有篇課文描寫到某人騎馬，我竟然不識horse（馬），把它看成house（屋子）；我想外國的巫師可以騎掃把飛行，大概也可以騎着屋子飛行吧。又有一次，老師看我的英文程度實在太差，不想為難我，要我用 verb to be。做個句子就讓我通過。我知道verb的意義是動詞，那to be是怎麼一回事呢？我又沒有辦法即時請教同學，只好偷偷翻看梁實秋的英文字典，背了一句在黑板上寫了出來。老師說不對。我很納悶，再對照字典，沒有錯呀！後來才了解，原來be是動詞，I am a boy這麼簡單的句子就對了。我不能不悲哀我的英文能力。後來我竟敢到加拿大攻讀博士，用英文教書，膽量也未免太大了。這門課，我竟也糊裡糊塗地通過了！

借表妹來為祖母送葬，「順孝娶」妻

祖母過世的時候，大伯父當船舶公會的理事長，要大事鋪張地辦喪事，因此也決定向二姨丈商借表妹作為準孫媳婦過來送喪。辦完祖母的喪事之後，父親就與四叔分家，在愛河邊的河北二路買了個三層樓透天的房子，打算一樓出租，二樓作為我將來的新房，父親、媽媽與弟弟住三樓。根據台灣的禮俗，家中如有長輩過世，要嘛就在短期內結婚，叫「順孝娶」，意思是依照老人家的意願而結婚，所以不是不孝的行為，不然就得等三年之後才能結婚。既然我們已經把表妹借過來送葬，當然婚期就不要拖延太久，於是就在一九六六年二月，於高雄自家舉行婚禮，喜宴就請總舖師在住家鄰近的空地搭棚烹煮。親友也提供歌舞的表演助興，同班同學章景明上台致詞，開口自稱「小子」，引得台下一片鬨然歡笑。這一晚，賓主俱歡。系主任臺靜農老師送給我一幅字及一幅畫作為賀禮。同學的禮物，還有印象的是張立青同學的一隻小紅木水牛圓雕。婚後不久，我們便在台北南機場的眷村——內人姑母家的鄰近租房子，開始了一種新的家庭生活。每天都享受到妻子精心烹飪的菜餚，不是宿舍裡的大鍋飯了。

結婚的時候，內人陪嫁一輛日本原裝的本田牌五〇ＣＣ的摩托車，我自然帶來台北騎用。在六〇年代，摩托車算是高價的交通工具，校園裡好像只有我這一部，還不存在噪音的問題，所以可以騎車進入校園。我們租的屋子在偏離學校較遠的南機場，有了這部機車，上下班才方便。在這年暑假，我決定騎車回高雄；內人橫向坐在後座，沿著省道，一路開開停停，當天停留台中，拜訪表哥，第二天也同樣停停開開傍晚才回到家門。這是我這一生騎車最久的一次，也是最洋溢愛情的一次旅行。大家似乎都不太相信，五〇ＣＣ的機車能跑那麼遠而不出狀況。

結婚後媽媽抱孫心切，非常關心媳婦有沒有受孕的消息，終於等得耐不住了，向我提出要求。媽媽知道我不相信神道、迷信之事，就懇求我，說這將是她唯一一次對我有所請求，要我們夫婦隨她去做「換花叢」的法術。所謂「換花叢」是透過巫術將不受孕的花朵改換成能受孕的花朵。身為現代人，我哪會相信這等事，但是為了安慰父母之心，我們也只得順從媽媽去接受這種巫術。媽媽於知道我應聘出國後，更是強調沒有孫子留在台灣就不讓我們出國。我們了解去看婦科才是解決之道。經過了多次看診，終於在一九六八年五月七日——大兒子承旂出生了，我鬆了一口氣，媽媽的願望達成了，我們可以安心出國了。

我給兒子命名承旂是有用意的。名字取自屈原的《離騷》：「鳳凰翼其承旂兮，高翱翔之翼翼。」說車行時鳳凰承拿旌旂作前導，表面是期望兒子能像鳳凰一樣的成材，其實我的意思是拿著旗子前導，推翻政府的貪污與腐敗。三年後，第二個兒子漫修出生，名字也是出自《離騷》「路漫漫其修遠兮，吾將上下而求索」，我的意思是改革的道路很漫長，要慢慢的來，急不得。

屈萬里老師推薦我去加拿大博物館整理甲骨文

研究所二年級時，屈萬里老師已從普林斯頓大學講學回來了。第一次見面，老師交給我一個信封，打開一看，裡面都是一張張蓋過郵戳的舊郵票，是老師親自用剪刀，從信封剪下來的。老師怎麼會知道我集郵？還主動幫我收集舊郵票。老師的舉動比父母親還要親切，我感激得不知如何回應，心中立志，絕不辜負老師對我的期望，一定要在學術上有所表現。

老師還透露，他在普林斯頓大學講學的期間，加拿大多倫多大學的東亞系曾與他聯繫，希望老師推薦人才到加拿大去整理甲骨文。老師還告訴我，多倫多大學的史景成教授是他的好朋友，一定會好好的照顧我。有一天，老師要我去中央研究院歷史語言研究所，老師和李濟之先生接見我，原來請求推薦人才的信件是寄往中央研究院的，所以他們兩人共同推薦我去加拿大的皇家安大略博物館整理館藏的明義士先生所藏甲骨。他們曾經向博物館建議，讓我利用整理甲骨所得的結果作為我在台灣撰寫博士學位的論文，但是博物館當局回答，如果我利用博物館的材料作為取得博士學位的主要材料，那麼就不能付給我薪資。所以兩位老師轉而建議我放棄在台灣取得博士學位的念頭，將來再找機會在加拿大攻讀博士。

我之所以選讀中文系，一個很重要的原因就是英文程度太差，我自己實在沒有信心可以把英文學好，更不用說有能力去攻讀博士學位。但是一想到我在軍中的一些體驗，確實很想早點離開這個環境，於是當下就做了決定，答應應聘，放棄在台灣取得博士學位的機會。不久，也就接到多倫多的皇家安大略博物館的聘書，隨時歡迎我前去報到。

練習拓印甲骨

接受了去加拿大的任務後，我就開始籌劃去加拿大工作的一些必要準備。首先是練習拓印甲骨的技術。中研院歷史研究所甲骨室的劉淵臨先生指導我有關甲骨拓印的一些要點，我看了劉先生使用的工具後，回家後就請太太把她的長髮剪下來，讓我製作了兩根撲打的工具，又去準備了一些必要的東西，同時屈老師也安排我到中央圖書館（現在更名為國家圖書館）去練習。

中央圖書館收藏有原屬於國立歷史博物館的幾百片大大小小的甲骨，可以充分地讓我學習拓印甲骨的各種情況。私下裡我也借了一塊印刷用的銅板不斷練習，以期提高自己的技術。我後來出版的甲骨拓片書，在同類出版物中堪稱得上精美之作。

會見博物館的主管

為了出國，雖然博物館不在乎我的英文程度如何，甚至還會為我聘請一位懂華語的人當我的助理，但我也需要自己稍微加強一下英文的能力，於是報名補習班去學習會話。不過也只補習了一個月，覺得毫無進展就中止了。

那時要聘請我去工作的部門主任——亨利．楚布納博士，正好到台灣來參加中國陶瓷的研討會，希望見我一面。屈老師把楚布納博士住宿的旅館號碼告訴我，要我自己去聯繫會見的時間與地點。我當時的英文程度哪有能力在電話上交談，但這是不能不做的事，只好硬著頭皮撥了電話，好不容易結束會話，我整個人緊張得近乎虛脫，只得躺臥下來休息一會。等我把見面的時間向屈老師報告時，屈老師說不會吧，楚布納博士離台的班機在早上，怎會約在晚上見面呢？我曉得自己聽錯了，第二天早上前去旅館，楚布納博士還請了來台灣開陶瓷會議的屈志仁博士當翻譯，表達了歡迎之意，詢問辦理簽證的進度，並探詢有何可幫忙之處。不過當我半年之後到博物館報到時，楚布納博士已轉職到美國西雅圖的博物館了。

我的感情生活，像連續劇一樣

出國途中，曾取道東京。我的筆友這時已高中畢業，來到東京就讀一間護理專科學校。她到車站來迎接我們，建議先去在長野縣鄉間的家裡玩，於是立刻提著行李又搭火車上路。她的家人很熱心的招待我們，飯後我們三人在客廳聊天，內人根本不懂日語，因此是我們兩人在對話。筆友提議唱歌，挑來挑去，兩人都會的是當時很流行的〈愛你入骨〉。她唱的時候很入神，讓我有一點警惕之心，謹防鬧出感情的問題。她家的洗手間設在戶外，早上天未大亮，我摸索著前去，在昏暗中被一個人影嚇了一跳，她從背後抱住我，兩人笑成一團，算是我們兩人最親密的一次行為。

第二天，她的家人開車載我們去有名的風景區輕井澤遊玩，住進旅館內要洗澡時，發現只有男女分別的大眾浴池，房間裡沒有個人的洗澡設備。我曾經當過兵，大夥兒在一起洗過澡，可以接受和陌生人裸裎相見，但是內人從來沒有和除我以外的人一起共浴過。最後想出辦法，等大家都洗完澡後，清空女浴室，讓我們兩人在女浴室裡洗澡。

回到東京，我們三人一起去皇居參觀。那時距離筆友的生日很近，就想買一樣禮物送給她，免得以後郵寄的麻煩。那時候晶體收音機是新產品，我就買了一個比較大、功能比較好的送給她，而買了個袖珍型的自用，她很受到感動。在後來的通信裡，她要我讀作家川端康成的短篇散文〈伊豆的舞孃〉，文章描寫一個書生在旅行中邂逅一群流動賣藝團，在短暫的接觸中，和團中一名女舞蹈員產生了一種短暫的若有似無的微妙感情。我當時確實也不能領會這篇文章的要點，回答說我的日文程度還不能欣賞這篇有名文章的優點在那裡。現在回憶起來，可能有點在暗示她的感情。

後來，我跟日本筆友有了二次會面。

在前往加拿大應聘的途中，已與內人見過日本的筆友，並在長野——她父母的農家住了一晚。我到了加拿大之後，繼續通信，她對我愛慕的告白越來越無顧忌、越大膽。一如在台灣，每封信我都翻譯給內人聽。筆友說愛一個人是無罪的，我答說我只把她當作筆友看待，不會做更近一步的發展，如果表現得太過分，我會拒絕回信；她就回答說，如這樣，世界就會少一個人。

在我二兒子誕生後，更說那應該是她要為我生的，使內人覺得她太過分了。後來好像是在試探，說她所照顧的一個法國病人向她表示愛慕之意，向我徵詢意見。我答以病人的感情是不穩定的，要謹慎考慮，但不表示我反對他們結合。在我要前往日本研究甲骨之前不久，筆友來信說已經跟那個法國人同居，還描寫日常生活的一些快樂情事。我於是祝福他們生活快樂，也說到東京的時候會去探望他們。

到了東京，筆友竟然獨自來看我，招待我去一家歐洲式的館子吃飯，然後帶領我去皇居前的廣場，坐在草坪上聊天。我有點感慨，為什麼他們不正式結婚呢？分別的時候，筆友說若下次有機會來到東京，一定要再相會；我答以如此徒增感傷，不如不見面。但是回到旅館後，我突然有股衝動，打了電話給她，用英文說話，不管筆友聽得懂不懂，單方面地向她敘說她不該與他人同居之事。我想，她的同居人聽到了我在電話中的話語。

在京都看完了甲骨，返回東京時，我在旅館給她打了通電話，問她要不要再見一次面，她要我第二天早上再打電話給她，看看能否抽出時間來。我和她打電話時使用暗號，免得同居人有接聽的尷尬。暗號是鈴響三次之後掛線再打，結果沒人接聽電話。一整天，我就在旅館中打電話沒有外出。次日我搭機來台北，給她寫了一封信；信中我譴責她不接電話的不是，還說只要說一句話，一個暗示，我就知所進退，不再騷擾，她不應該要我打電話而不接聽，我以後不會再寫信了。

事隔多年，我從中國旅行回來後不久，意外接到日本筆友的來信；信上說我在日本時，她雖約了我要通電話，卻沒有依約接我的電話，原因是男朋友不許她接，問我能不能原諒她。我回信，那不是什麼不能原諒的過錯，所以我原諒了她。立刻又得到來信，她想來加拿大看我，問我能不能接受。哪有拒絕朋友來訪的道理，所以我回答說歡迎光臨。結果筆友真的來了。我和內人到機場迎接，握手後的第一句話，就問她來加拿大有什麼旅遊的計畫，她答說一切看我的安排。我想我能做何種安排呢！舅公租給我的房子，空蕩蕩的地下室已隔了一個房間，床、桌、椅也都是現成的，於是沒有與內人商量，就自作主張把她安置在那個房間。時值冬天，加一個電暖爐就行了。

現在回想起來，我沒有就筆友的事與內人充分溝通是大大的錯誤。但我一向是一旦做了決定，就不再猶疑的人，讓筆友在家裡住了下來就成為既成事實，其他的事再慢慢考慮。筆友說她有位學姊住在多倫多，我聯絡上對方，就開車送她去見面。這位學姊在一戶人家當起家庭保姆，極力向筆友遊說加拿大的美好，要她想辦法留下來。經過這次長談，我想筆友有長期住下來的打算，這樣就得有相應的準備，要取得合法的居留權。護士在加拿大很缺乏，如果通過檢定，找工作絕對沒有問題，而要通過檢定考試，首先就得學好英文，所以就報名免費訓練新移民的英文課程。

對於這位筆友，我不能不說有一種特別的親切感，但我了解自己的責任，絕不會有越軌的行為。對於這一點，內人是有把握的，所以不會過問我們的事。筆友會溜冰，我就再次把之前擱置的溜冰鞋拿了出來，兩人經常一起去溜冰，或是去聽音樂會、散步。

有一件忘不了的事，我們全家四人加上筆友、筆友學姊及另一個人擠進我的小車，由我開車前往尼加拉瓜瀑布遊玩。那天路上積滿了白雪，去程平安無事，盡情觀看美景。回來的時候，在上橋的路段，車輪卡到柏油路的邊緣，我的方向盤一時控制不住，還來不及尖叫，轎車已飛下溪谷底部，幸好積雪非常厚，整部車埋在雪堆中，竟然一點損傷也沒有。眾人爬出車子，一面慶幸毫髮無傷，一面煩惱如何把車再開上路，這時正好有一隊童子軍出現，立刻回應我們的呼救，合力把車子抬上公路。我雖然兩手不能控制地顫抖不已，由於只有我一個人有駕照，只好硬著頭皮把車子給開了回來。

由於我和筆友形影不離，無忌諱地雙雙進出門戶，內人感受到朋友的壓力，終於找我談話。她說我太不給她面子，朋友都已看不下去了，要我收斂一點；我高興得不得了，這豈不表示我太太吃醋了嗎！由於內人對於情愛之事很冷淡，我非常高興她有這樣的談話。

筆友自從上了英文班，認識了很多年輕人，有時也到家中來，其中有一位我不太喜歡。有一天晚上，我感覺到客廳有說話的聲音，就起來一探究竟，知道她跟人在講電話。我沒有添加衣物，就在廚房等她講完電話，我納悶為何她要選擇這麼晚的時候打電話，但沒有詢問原因。

結果我受了風寒，不能上班。我就告訴內人，要請筆友搬出去；內人反對，理由是筆友在加拿大無親無戚，而且人家會以為是太太授意的。我一向遵從太太的意見，這次，或許是自己有點吃醋，筆友不是說全看我的安排嗎？怎麼就結交了男朋友。或許是要報復在日本時沒有接我的電話的不滿吧，我要求筆友搬出去，她只得照辦，我用車子幫她搬家。基於一時的報復心理，我雖然請筆友搬了出去，對於她的安危也不能不關心，我幾次到她的居處，想問她有何可以幫忙的地方。第三次見不到她時，我就留下一封信，表示在經濟上可以幫忙的用意。不久，我接到她的電話，要求我當她的主婚人；原來那天晚上她打電話給這位移民至加拿大的日本年輕人，我錯怪了她，以為是打給我不喜歡的那個人。我當然欣然接受任務，一起陪這對新人到市政廳辦理公證結婚的手續，這對新婚夫婦也請我們全家到新房用餐慶祝。新郎獨自來加拿大闖天下，在一家汽車修理場當技師。不久我們搬到郊外，他們夫婦也幾次來我家作客。如果我的舊車有什麼情況，他們也會前來義務修理。過了一、兩年，他們覺得溫哥華比較有發展潛力，就搬去那裡，但仍然保持聯絡，互送生日禮物。每次我在溫哥華轉機要到遠東旅行，都會在機場給筆友打個電話，她就會用手推車載著小孩前來見面，交換兩家的近況。又過了幾年，大概發展還是不盡如意，就全家搬回日本去了；她從此沒有給我寫信，結束十幾年的友情。她寫給我的信，我本來妥善保存，依日期裝訂起來，有一天，我把全部的信件給燒掉了，表示結束這段友情。

夫妻感情生隙

我深愛著同時是我表妹的內人。由於發生了兩件事，讓內人對我的作為甚為不滿，甚至懷疑我的人格有嚴重缺失。

第一件是我的大陸之行。內人反對我陪老師去大陸旅行，因為害怕會有不利於家人的後果。我則是因為讀了不少有關中國文化的書籍，而且不少朋友也去過了，都表現很佩服的樣子，所以也想親自去體驗一下。我一向很尊重內人的意見，但這次卻堅決要去中國旅遊。不愉快的後果果然發生，不但我不能回國去探視親友或從事學術活動，兩人在台灣的家庭都受到了干擾——甚至包括鄰居與親戚，所以內人怪罪於我。

第二件就是請筆友搬出去的事。她說對方千里迢迢來到加拿大找我，在加拿大無親無依，也沒有經濟基礎，如何生活下去，而且不知內情的人一定會認為是作太太的不容人，對她的形象有所損害；我是一個無人情、無人性的人，所以才做得出這樣絕情的事情。儘管我向內人解釋已留下一封信給筆友，願意在經濟上有所幫助，但她對於我人格的判決已然確定，我已不再是值得她敬愛的人了。

表面上我們的生活不受影響，但我知道，在她的內心裡，已經沒有我這號人物了。我只是她的表哥，不是她的先生了。

一一預言成真的算命

我們婚後，父母親偶而會從高雄來看望我們，聽鄰居說青田街有一位命相師非常靈驗，於是媽媽就前去請教，免不了也會替我算上一命。這位命相師批算一次流年收費五十元，這在當時算是蠻貴的。回來後媽媽交給我一張黃色的紙，上頭寫有我這一生的重要預示。重點大致是：

結一次婚（說家弟結三次婚，結果卻結了四次婚），有兩個兒子（媽媽看到這個預示非常開心，也心安了許多）。年底出國，出國後幾年將不准回國，但一旦回國了，回台灣就會像進廚房那麼頻繁。三十三歲得博士學位。四十歲當小主管。然後當小名人。五十五歲改變生涯。

預示到此為止。當時我根本不在意這種對我未來的預示，只是心疼花費太多而已。想不到經過四十年的歲月，這些預言竟然一一如實的呈現出來。

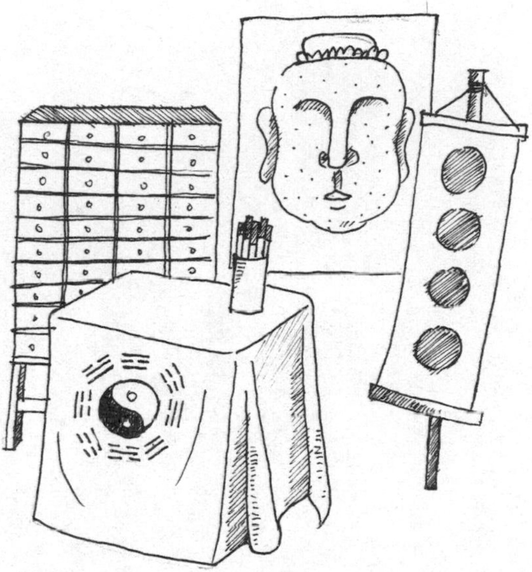

算命先生神準預測了我的未來

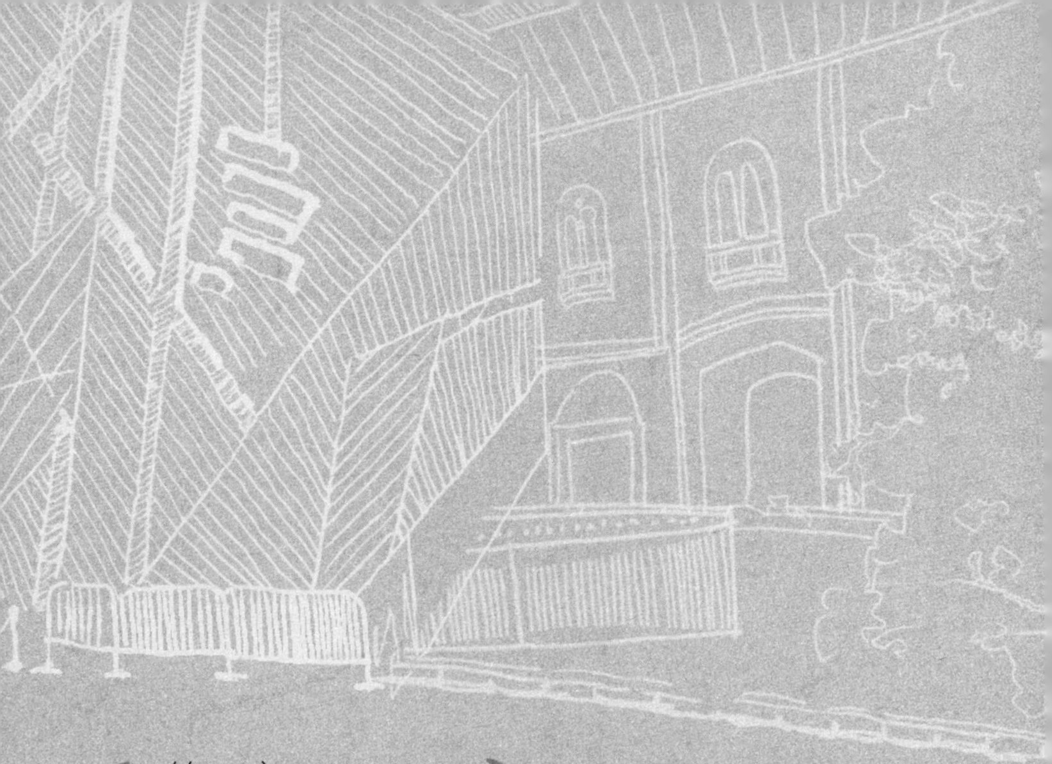

第四章

在博物館裡做文字學

進入博物館的遠東部門工作

皇家安大略博物館原是多倫多大學附屬的單位，後來因為擴充很快，就於一九六八年分開，與大學同為省府的直屬行政單位。博物館座落在市區地下鐵站「博物館」的旁邊，也有公車站牌，交通非常方便，為安大略省的旅遊重點，每年訪客超過百萬。我後來主管遠東部，曾想加強與台灣博物館界的關係，故受邀撰文，在《國立歷史博物館館刊》第四卷第二期（一九九四年四月）刊登〈加拿大安大略省博物館介紹〉，給予簡略的介紹。

此館於一九一二年立法創辦，一九一四年正式對外開放。得力於一位積極募款的銀行家，與一位熱心到全世界收集標本的考古學家。博物館成立時只有五個部門：考古、地質、礦物、古生物、動物。但在我報到時，已擴充至十九個研究兼展覽部門。自然科學有：植物學、魚與爬蟲類、古無脊椎動物、古脊椎動物、無脊椎動物、哺乳動物、礦物、鳥類、昆蟲類。人文科學則有：遠東、西亞、歐洲、希臘羅馬、埃及、新世界、加拿大、民俗學、紡織、現代（一度還有耶路薩冷部）。還有只從事展示的天文館。輔助的單位有註冊、修護、展覽、公關、教育、守衛與圖書館、義工等等部門。研究部門的人員編列，一般是每一部門有三位研究員級，配以加倍的助理人員。但非研究的部門，視情況而定，有些有超過二、三十名的職員。由於博物館原先是大學的一部分，部分的研究人員具有大學聘約的關係，就保持有十九個所謂cross appointment的名額，正式登錄在大學的教授名單上，我後來也爭取到一個名額。

博物館非常重視文物的保護，目標是收藏與展出時的保護條件都要一樣。展出的指導原則是普及教育，以十一年級為主要訴求對象，故訪客有一半以上是事先安排的學生班級，展示的內容也都有鮮明的主題，對我之後的研究工作有很大的影響。

我服務的遠東部門被視為此博物館的明珠，因為它收藏的中國文物號稱中國以外的十大收藏之一，有些甚至是獨一無二的。我報到時的博物館主樓是個三層工字形的磚砌建築，地面的一樓約各有一半面積展示自然科學與人文科學的展品。二樓為自然科學，三樓為人文科學的展示區，遠東部的主要展示設在三樓的後半部。我們的辦公室和收藏室就在展示廳之後的一角，自有升降梯上下，但我的工作室卻是在展廳中的一個收藏室。辦公室還附設我們專用的圖書館，主要收藏有關美術與考古的書籍，供研究人員參考之用，但也開放外界的人士在館內閱讀。

遠東部收藏的範圍為阿富汗以東的亞洲地區文物，主要是中國，其次是日本與印度。中國的收藏在館中最為有名，除三樓的主要展區之外，一樓最顯眼的大廳就展示中國大型的文物。

中國文物的收藏以青銅器、歷代陶俑、甲骨文、歷代陶瓷、宗教文物為最有名，而繪畫與書法就頗為貧弱。

加拿大與中國並沒有超乎其他國家的親密關係，為什麼會特別加強中國文物的收藏呢？原來與三位收藏者有關。最重要的是一位英國皮貨商，名叫喬治．克拉虎氏，他到中國除了收購皮貨之外，同時也很有眼光地收購中國有價值的文物，然後再將文物售賣到西方去。他有一次旅行到多倫多，住在博物館對面的旅館，在旅館中看到一張明信片上印刷的遼代三彩陶大型羅漢圓雕，原來就是他賣出去的東西，於是特地前來博物館拜訪，但是館長因故不在辦公室。創館的館長Currelly博士在回訪時，感受到克拉虎氏的重要性，鼓動其三寸不爛之舌，終使克拉虎氏答應會義務為博物館在中國收購文物，但條件是經他購買的文物都要署上他的名字，從此大量的中國文物源源不斷地運進館裡來。

第二位是懷履光主教，他被派到中國的河南地區主管基督教的傳教事宜，他對青銅器時代以及宗教的文物很有興趣，本身也是個學者，收集很多這兩方面的文物。因此被批評在這方面挪用了很多教會的款項，妨害教務的推展。第三位明義士先生，也是基督教的傳教士，參加過考古的發掘工作，雖然本人沒有很多錢，但不放過任何看起來不起眼的地下出土品。除了全世界個人收藏最多的甲骨之外，還有很多各類的先秦出土物品。

整理傳教士明義士先生的甲骨收藏

明義士先生是他到中國傳教所使用的中國名字，在傳教之餘，他努力學習中國文化，在二〇年代接觸甲骨文後，就熱心地投入研究，也收購甲骨。明義士先生可以說是唯一在中國的大學教過甲骨學的外國人。我在出版他收藏的甲骨拓本集裡有些介紹，甲骨學有些重要的發現是他首先啟端的，如後來董作賓先生證實的，卜辭中卜與貞之間的字是人名，是他先如此提議的，又如甲骨刻辭與《周易》卦爻辭之間可能的關係也是他首先提及的。甚至我發現的以鑽鑿型態判斷甲骨年代的方法，似乎他也注意到了，可惜他畢竟是外國人，引用中國典籍的能力大受限制，不能像中國人一樣撰寫長篇大作，否則對甲骨學的研究當更具影響力。中國的甲骨學會把他評選為百年來具有影響力的二十五位學者之一，是非常中肯的。

明義士先生到底收藏有多少片的甲骨，由於在戰爭期間曾經受到破壞，他本人也未留下確切文字，所以沒有確切的數據，但應該超過五萬片，就以現在保留以及發表的也接近一萬片，這個數量也是沒有人可與之比擬。可能在一九三八年底之前，他匆匆忙忙把部分甲骨帶回加拿大來，來不及帶回的部分文物就拜託友人埋藏在齊魯大學校內。回加拿大後，雖任職於這個部門，但還未沒能充分整理這批東西就與世長辭了。明義士先生的兒子明明德，後來當了駐中國的大使，於一九六〇年把明義士先生帶回來而存放在遠東部的甲骨賣給博物館，條件是由該款項聘請學者整理此批甲骨，並給予發表研究成果，我才有機緣接觸到這批珍貴的甲骨收藏。

拓印甲骨文

在台灣時，我就用內人剪下的長頭髮製作了兩把撲打用的工具練習拓印甲骨。甲骨文的刻劃非常纖細，人的頭髮夠長，纖細而有彈性，效果比較好。看到很多拓本沒有我做的精細，恐怕工具是個重要的因素。博物館事先為我聘請一位助埋——帕蒂．威爾遜小姐（出嫁後成為博拉克特太太）。原來的用意是對我工作時使用的語言交流有所幫助，卻發現她學的是廣東音，難能達成預期的效果，不過還是可以用筆談的方式勉強溝通。因為要趕時間在兩年內完成，我不能夠等待完全研究清楚後才將甲骨有規律地編號。威爾遜小姐負責先把每片甲骨，不管大小，都寫上館藏的編號，讓我拓印後可以立刻依之在拓本上寫上編號，以方便日後的整理與研究。每片甲骨都有一組三個單位的序列編號：第一個單位是進館的年代，第二個是全館該年收藏的序列，第三個是某批文物中的序列號。明義士的甲骨就從九六〇．二三七．一編列到四千多號，沒有文字的就從五千號開始。

拓印甲骨文字需要非常小心，因為甲骨本身骨質脆弱，加以在背面鑿有密集的窪洞，以便利燒灼後兆紋容易形成，所以容易被敲裂。最好的辦法是，首先把蜂巢的蠟加熱溶化，等蜂蠟稍微冷卻而有可塑性時，就把蠟擠壓在甲骨的背面上，不使之間有空隙，然後再用蜂蠟做個更厚實的臺座。等蜂蠟的底座完全變硬後，敲打在甲骨上的力道就會傳達到底座而不太會傷及甲骨。在甲骨方面，首先要把刻畫的線條清潔乾淨；經過地下三千年的埋藏，有時線條中的泥土凝結有如水泥那麼堅硬，要小心地用針尖輕輕剔除，如果不小心，就會在表面上剔刮出線條來，造成訛誤的筆劃。

接著在甲骨的表面刷上有粘性的水分。一般用白芨泡在水中一段時間，水就會有粘性，但是白芨有時會發霉，後來我改用松香就沒有這種毛病。松香雖然有顏色，但稀釋於水後，顏色不顯，沒有什麼影響。接著，把細薄而有韌性的宣紙覆蓋在甲骨上，用水稍微濕潤覆蓋的部分，再用一張較粗的紙（比較便宜）放在上面，然後用頭髮紮成的撲子在上頭敲打。敲打的用意是把宣紙打入線條的刻溝之中，同時使宣紙黏著在甲骨上。

等宣紙差不多乾燥了，接著要用拓包沾染墨汁輕輕撲打在宣紙上。拓包要做得有彈性，於是我用玻璃紙包住棉花，再包在綢布中做成有平面的形狀。拓包越大，上墨的面積就越大，完成起來當然比較快。但是甲骨某些表面是不平的，大的拓包打不到凹陷處，所以要準備不同尺寸的拓包，有小至火柴棒大，有大至十公分的。拓墨的動作要上到幾十次，拓本才會烏黑光

①塗上白膠水。

②蓋上宣紙，用水濕潤，再輕輕敲打。

③待快乾時，

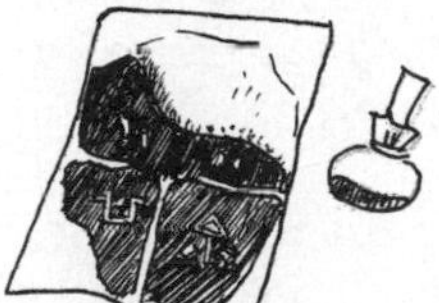

④用拓包治墨，再輕輕拍打。

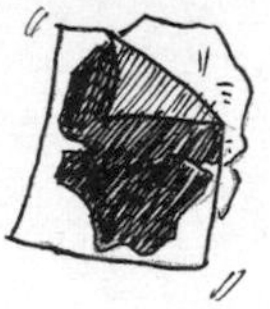

⑤小心揭下宣紙。

拓印甲骨文的主要步驟

亮，字跡清楚。最後一道難題是把宣紙從骨頭上揭開；有時候黏貼得太牢固，就要持續用口呵氣以濕潤紙張，一點一點地慢慢揭開。如果用心太急，或黏著太牢固了，使紙張揭破了，就只好重新再做一次。如果沒有耐心，很難把拓本做得好。

甲骨失竊

在整理甲骨的期間，有一天發現了一些老舊的照片，其中有館藏的甲骨。一查驗，發現其中有與某人所公佈的甲骨收藏是同樣的東西。照片上有博物館的舊編號，而一查訪客的紀錄，此人也曾經單獨在庫房中研究館藏的甲骨，很顯然，此人把博物館的東西據為己有，我有責任把發現報告上級。那時部門的主任正好出國旅行中，我沒有想太多可能的後果，以為事不宜遲，立刻報告職務的代理人，代理人也立刻呈報給館長。館長立刻搭機前往當事人服務的機構，並會同警察前往當事人的住家搜查，結果搜出超過百片的甲骨；當事人承認竊取館藏甲骨的事實，但請求原諒。這一批甲骨大都是精品，後來發表在《懷特氏等所藏甲骨文集》裡。

想不到追回失竊的藏品竟然對我個人的工作造成困擾，主任回來後得知此事，竟然詰問我，為何不等到她回來才報告，她可以透過私人的關係把事情解決得更為圓滿。後來了解此人是主任的好朋友，我還探詢得知，被竊的部分甲骨寄存在某人處，當日沒有被搜索到，但我也始終不敢再提及此事。經此一智，讓我學習到工作與人事關係的複雜性。

英國牧師來訪

在整理明義士甲骨的期間，有一位英國牧師來拜訪。他自我介紹是明義士先生在山東齊魯大學的友人。當年明義士先生匆忙離開中國而不能將收藏的甲骨全數帶回加拿大，曾委託他把部分甲骨給埋藏了起來。只有他知道埋藏的地點，但是他不喜歡共產黨，不願把地點告知中國當局，問我有何建議。我建議，甲骨好不容易在三千年後出土了，不應使之再度埋藏於條件不穩定的地下而導致毀損；甲骨不單是中國人的文化，也是全人類文明的遺產，和共產黨的是否罪惡是無關，不要因為對共產黨的厭惡，而讓無辜的歷史文獻遭殃，最好是秉持良知，將信息交給中國政府當局，早日讓文物得到應有的保護。

有可能我誠懇的呼籲有了效果，不久中國報導在齊魯大學的校內挖到甲骨，但大都已成粉末。我當時很惋惜這位牧師沒能早點告知中國當局，以致於珍貴的文獻遭到毀滅。可是後來我聽到內幕，這批東西完好無缺，轉而收藏在北京的故宮博物院，就是我依拓本編輯的《殷虛卜辭後編》的原來甲骨。我不能理解何以當時中國政府故意要發佈這樣的錯誤報導。（二〇一五年四月，故宮博物院決定整理館藏的兩萬兩千片，大部分屬於明氏舊藏，或因我在甲骨文的斷代方法上有所研究，邀請我到故宮開籌備座談會，或演講我整理甲骨的一些經驗。）

慢慢學習英文，用英文授課

可能是自己的舌頭太厚短的緣故，我沒有辦法順暢、正確地發音，連國語都說不好，更不用說外語了。剛上班的時候，同事們經常聽不懂我說的英語，還得要我把字拼讀出來，甚至還要書寫出來。印象最深的一次，三位同事想認識一點甲骨文，我畫了個「戈」字，是一把長柄的武器形（）。我要表達的意思是weapon（武器），可是嘴巴卻唸成wale bone（鯨魚骨）。她們都不能理解為何要使用鯨魚骨去製作，一再問我為什麼。我焦急地反問，難道看不出是畫一把武器的圖形嗎？她們還是回答說看不出。最後我把英文給寫了出來，她們才恍然大悟，原來我要表達的是武器而不是鯨魚骨。幸好我被聘用是因我的甲骨學知識，否則前途不堪設想；幸好我們的主任時學顏博士是中國人，英、法與國語都非常的流利，如有不能溝通的時候，最後總有瞭解我意思的人。在周圍都是外國人士的環境裡，我慢慢學習英語，後來竟然可以攻讀學位，用英文教課，也當起了主管。

發現到周祭的新觀念

整理明義士收藏的甲骨，很快就有兩個發現。甲骨的質地頗脆弱，出土時常碎裂成小塊，如果能把小塊綴合成大塊，使斷裂的刻辭恢復更為完整，則利用的價值就更高。因此，當我的助理帕蒂把甲骨個別寫上編號後，我習慣性會依甲骨所屬的時代分成幾堆，以方便在同時代的甲骨堆中尋找可能綴合的片子。

有一天，帕蒂助理拿了兩小塊甲骨問我是否有可能綴合起來。我一看，同是龜背甲，顏色、厚薄都相同，齒縫、斑點也都密合，我毫不猶疑地說可以。可是一讀上頭的刻辭，一版是辛亥協大甲配妣辛，一版是己酉協祖乙配妣己，就不能不對剛才的認同有點猶疑，因為兩者分屬於不同的週期系統。可是不論從齒縫、邊緣、顏色、厚度、斑點、盾痕等等特徵來看，這兩片甲骨不可能不是一版之斷折。我也想到了，以前公佈的甲骨刻辭裡，也有翌工典與翌上甲之間多空出一旬的現象，這會不會是一種新的現象？例外的空旬可以也安排在其他的位置上？於是又細心檢驗館藏記載周祭刻辭的碎骨，終於找到可以綴合的七版碎骨，於是在《中國文字》

三五期（一九七〇年三月）發表〈殷卜辭中五種祭祀研究的新觀念〉，得出結論：在三十七旬週期的周祭系統時，多出的一旬可以安排在任何一個位置，而不是以前認為的只在工典與上甲之間。商代的周祭系統以三十六旬與三十七旬的週期交互舉行，顯然是反映一年的日數為三百六十五日的事實，額外的一個空旬可能就是調整天象的一個據點。

另一個發現是更重要的鑽鑿斷代。董作賓先生發表了甲骨斷代研究例，從刻辭的現象歸納出甲骨斷代的十個標準，但是其中某一類的刻辭，學者對於其年代卻有兩個不同的意見，相持不下。我的鑽鑿斷代提供一個不同的切入點，應該有利於解決爭論。殷墟出土的甲骨，為了讓占卜燒灼後兆紋能夠容易顯現，在背面都挖有凹洞，學術界稱為鑽鑿。一般學者沒有看過真正的甲骨，看過的學者也沒有長期間的接觸，所以都沒有發現不同時期的甲骨，其上的鑽鑿型態有何不同，自然也不會想到鑽鑿型態和時代之間可能有一定的聯繫。

在拓印甲骨上的文字時，我要先用蜂蠟製作底座，藉以分散打在甲骨上的力道。拓印完成後自然要把底座的蜂蠟清理，恢復乾淨的甲骨，同時蜂蠟的底座可以再次融化使用。清理的時候，一定會看到甲骨背面的形象。在清理了一段期間之後，我慢慢感覺到不同時期的甲骨上的鑽鑿型態有所不同，就開始特意觀察，確定鑽鑿型態對甲骨的斷代具有啟發性，因此就在《中國文字》三七期（一九七〇年九月）發表〈鑽鑿對卜辭斷代的重要性〉，寫出一系列文章中的

第一篇。從鑽鑿型態的觀點，圓鑿大於並包含長鑿的例子出現於第一期。只有圓鑽的形式見於第一、第四期及王族卜骨。長鑿旁有圓鑿的型態基本只見於第一期。王族卜辭的一般性鑿鑽型態也近於第四期與第五期。在骨下方表面施長鑿的只出現於第三期、第四期以及王族卜骨。鑿長短於一・五公分的，只出現文武丁與王族卜骨。從以上種種現象，得出第四期與所謂王族卜骨應是同時代的現象，即肯定董作賓先生的論點。

攻讀多倫多大學東亞系哲學碩士學位

屈萬里老師似乎沒有對我攻讀博士學位的能力有所懷疑的樣子，幫我規劃於整理甲骨兩年後，去多倫多大學讀博士學位，接替史景成教授退休後的位子。所以我就聽從老師的計畫到了加拿大，把明義士的甲骨整理完成，編輯成書之後，打算繼續攻讀學位，準備在加拿大生根立業。

當時多倫多大學東亞學系尚未獲准成立博士班，東亞系的史景成教授就告訴我，在這種情況下，如果修完M. Phil（哲學碩士）的學位也可以在大學教書。或者，如果在修學期間東亞系的博士班成立了，也可以改為博士班。史老師為我設想周到，讀學位需要有兩年的全勤時間，我可以請求博物館將我工作的時數減少，學校給的獎學金加上半工的薪資絕對夠支撐家庭的開銷。一九七〇年八月，博物館將我的職位調整為資深技術員，以半工的時數支薪，我就申請進入學多倫多大學東亞系，攻讀哲學碩士的學位。論文由史景成教授指導，題目為《甲骨上的鑽鑿型態：斷代的標準》。

令人煎熬的日本文學

課程規定，除了中國學之外，還得選修其他的主題，史老師建議我選修日本文學。系裡有兩位教授開有關日本文學的課，首先我去見上田教授，他拿出一篇古文來測試，中文部分我雖然看得懂，但假名的部份，和我所學習的現代日文完全不同，我當然過不了關。上田教授建議我去見另一位教日本近代文學的教授——安東尼．雷門教授是捷克人，但日文很好，也能用日文發表文章，他也要測試，讓我讀一篇小說。從我誦讀的音調，雷門教授認為我可以了解小說的內容，於是，雷門教授把此課程分為兩個班級，一班讀英文的翻譯本，一班讀日文的原著，讀日文原著的班只有我一個學生。他指定我每星期讀一位作家的作品，我就必須到圖書館尋找作品，同時還收集此人的身世、作品的評論等等資料，然後做個兩小時的報告給他聽。

指定的作品經常是幾百頁的小說，譬如說，川端康成的《山之音》是一個星期的工作，《睡眠的美女》也是一個星期的作業。老師指定的功課，我是除了在博物館的工作時間外，全天候的投入準備。也許雷門教授見我可以應付指定的作業，竟然半點鬆懈也不給。每個星期我都得跑圖書館借書、影印，作筆記，查字典，連跟內人與孩子說話的時間都沒有，感到非常的疲憊。尤其是我的英文底子非常糟糕，同時要兼顧兩種外文，其辛苦處真是非局外人所能感受。老師指定的作品大致是日本大正到昭和時代，約是二十世紀初期前後的有名氣作家，現在記得比較清楚的作家有谷崎潤一郎、橫光利一、芥川龍之介、井伏鱒二、有島武郎、菊池寬、夏目漱石、森鷗外、三島由紀夫、中島敦、太宰治等。期末要交的報告是閱讀川端康成作品後的心得。

我根本沒有時間好好地思考與撰寫，交讀書報告前的一個星期，我還在拚命準備演講的筆記。報告發放回來的時候，上頭打的分數是六十八；我心想，這下完蛋了，研究所要七十分才算及格，我心裡忐忑不安了兩個星期。結果公佈的成績是B（七十三至七十五分），讓我鬆了一口氣。在漫長的求學生涯中，沒有比這一門功課讓我花更多的時間，受更多苦頭的煎熬了。而在我艱困的修習這門功課，以致疏於照顧家庭時，內人再度懷孕，生下二兒子漫修，我內心的苦楚更是加倍。

博士班

一九七二年六月我順利取得哲學碩士，畢業論文後來以「卜骨上的鑽鑿形態」，由台灣的藝文印書館發行（一九七三年）。若想在學術的領域裡有更穩定的發展，一定還要再攻讀博士學位。加拿大的國家學術院每年提供幾名「教師進修博士」項目的獎學金，我以在台時拿碩士學位，等同執教高中教師，在多倫多大學讀哲學碩士兩年，得以高中教師二年資歷的資格申請，得到最高額的獎學金。可是，多倫多大學東亞研究所申請設立的博士班課程還沒有得到批准，空有獎學金而沒有學校可讀，怎麼辦呢？史景成老師又為我去找人類學系，商請讓我入讀該系。如果一個學系裡有學生得到國家學術院進修博士獎學金的話，也可算是該系所的光榮，所以也欣然同意了史教授的提議而讓我入學。該所有一位研究韓國考古學的山普教授，可以擔任我的指導教授。

我選了山普教授的東亞考古學專題研究。每個選課的學生選定一個題目作為專題報告，同時撰文作為該學年的報告論文。我選了「中國農業的起源與發展」的題目，開始從事相關的研究，設定中國三個農業區——華南、華北與東海岸，分別從年代、地理、氣候、工具、物徵等項目做綜合性的考察，認為中國約在一萬年前，華南地區最有條件發展自發的農業，後因氣溫的急遽上升，不再適合人類居住，乃分別向華北與東海岸發展。山普教授認為論文寫得不錯，我的同事芭芭拉·史蒂芬女士也以我的論點在芝加哥的討論會上與張光直先生辯論，張光直先生當時認為中原是中國最早的文明發源地。

伏羲女媧的傳說

進入人類學系之後，我的閱讀範圍擴大了。除了博物館絕對必要的考古學之外，也開始參考民俗學的書籍。我讀到台灣南勢阿美族的創生神話，敘說有一對兄妹是日神與月神的第十五代子孫，他們共同乘坐一個木臼逃避洪水災難而漂流至台灣，發覺他們是人類僅存的兩個人，為了要讓人種能繼續繁殖下去，他們只好結為夫婦，但是有礙於兄妹不許接觸腹部與胸部的禁忌，一直不敢發生夫婦關係。有一次哥哥打到一隻鹿，就剝下鹿皮，曬乾它，並在上頭挖了個洞。如此兄妹的身體就可以用鹿皮隔開，不破壞禁忌而達到交配繁殖的目的。就這樣，他們所生的子女都分別成為許多部族的祖先。

我發覺這個故事和漢族的伏羲、女媧傳說有很多的相似點：都與日和月發生關係，都發生在洪水之後，故事的主角都是兄妹兼夫婦；鹿皮是遂成婚姻的重要媒介，都與蛇有關。而從語言演變的觀點，伏羲和故事的主角名字同屬一個演化的系統，阿美族的傳說最接近事實，也合理解釋了鹿皮在婚禮中的作用，因此寫成「鹿皮與伏羲女媧的傳說」，它可以說是我探討民俗文章的第一篇。

卡內基博物館

我的博士論文還是延續幾年來對於甲骨上鑽鑿型態的研究，接著，我的觸角就要延伸到其他重要的收藏，驗證其他地方的收藏是否也和安大略博物館的甲骨呈現出同樣的現象。首先是到美國賓州匹茲堡的卡內基博物館與麻省波士頓的匹巴地博物館，研究其收藏，並把甲骨上的鑽鑿型態繪製成圖樣。讓我驚訝不已的是，卡內基博物館不但提供材料、場地讓我研究，還給我三天的研究費用。當我抵達卡內基博物館的門口，一報出自己的名字，立刻就被帶到辦公室，一位職員拿出一張字條要我簽名領錢，原來博物館要付予我從事研究的獎勵，所以需要簽收單據。

卡內基博物館座落在匹茲堡大學的旁邊，下班的時間我也得結束一天的工作，所以就信步到大學走走，不期而遇兩位台大的同學——人類學系的謝劍與歷史系的花俊雄。他鄉遇故知，真是太高興了，立刻又被引見了好幾個人，在談話中，知道大家對國事的關切。這時候大概已發生了釣魚台歸屬的爭論問題，釣魚台是台灣與日本之間的一個小島，常是台灣漁民利用以休

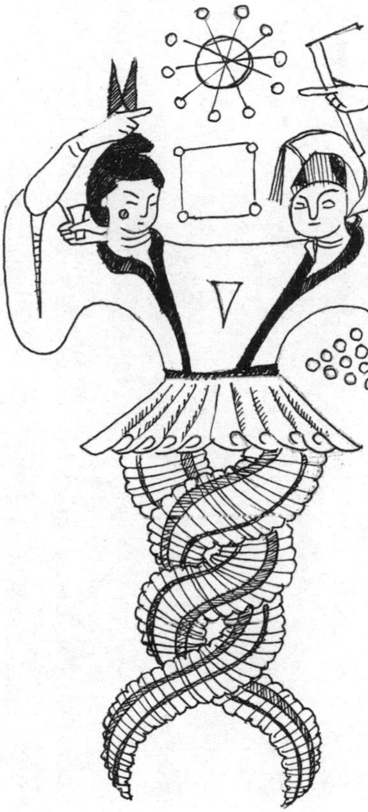

伏羲女媧圖畫

息的地方，好像清代以來都屬中國的管轄，由於第二次世界大戰後成為美軍託管地，美軍以之與沖繩群島一起歸還日本，以致引起領土的爭議。日本聲稱釣魚台屬於日本所有，台灣的政府頗有讓步的意思，但此地的留學生基於愛國的情操，醞釀有所行動，以激發政府作出較有決心的行動。多倫多大概台灣來的學生不多，校園裡看不出有這樣的情緒。我基於老朋友的交情，熱情地鼓勵，說有空的話會專程來聽他們的演講。後來我真的接受邀請，專程乘坐飛機來聽他們的演講，也讀了不少當時留學生的油印刊物。

認識中國

在博物館工作了一段時間後，漸漸有交談的能力，我對於助理帕蒂學習中文的動機很感興趣。從交談中，了解到帕蒂的父親——杜索．威爾遜博士，是多倫多大學葉倫狄爾分部的校長（士嘉堡另有一個分校），是國際有名的地球物理學家，發表地塊移動學說；曾經以聯合國代表團成員的身分訪問中國，回來後告訴女兒，中國在不久的將來就會強大，希望女兒學習中文，走在時代之先。聽了帕蒂的話，我不能不疑惑；我在台灣所了解到的中國是殘酷的、無情的、沒有知識的、沒有文化的、落後的，是蘇聯的傀儡。回想在經過香港的時候，和梅志超同學的激烈辯論，他說當時中國人民生活在水深火熱、極度貧困與混亂之中，似乎是可以相信的事實；但是，一個值得信賴的、中立的國際知名學者，應該沒有動機或目的而要向自己的女兒做不實的陳述與不利的建議啊！中國能有什麼潛在的、有價值的東西，讓有學問的、富裕的外國學者見了而深感不久的將來會強盛起來呢？一來為了充實自己的英文能力，二來為了尋求答案，我開始閱讀同事推薦的關於中國的報告。

我讀了幾本美國記者在中國體驗的報告，像伊戈・斯諾的《西行漫話》（*Red Star Over China*），威廉・興頓的《鐵犁頭》（*Iron Yoke*），還有忘記作者名字的《一個農村的報告》等等。好像這些洋人記者看到的解放軍是為人民服務，有嚴格紀律、有理想的軍隊。解放軍的表現竟使得有些外國人願意留在中國，要幫助中國人，共同建設成為富強康樂的國家呢！記得有一次，威爾遜博士在校長的官邸接待中國來的代表團，特地邀請我作陪，幫忙招呼客人。飯後，他鄭重地請我當翻譯，他以國際地球物理學會主席的名義，建議要頒發地球物理學界最高的獎章給中國的錢姓物理學家（已記不得名字），請訪問團轉達國際地球物理學會的意思給中國政府的高層人士，派遣此人出國領獎。那時中國正陷入文化大革命的混亂中，後來我了解到的答案是，中國拒絕了。我當時有些意外，中國竟然能訓練出讓外國人佩服的科學家。

到日本看甲骨

我的博士論文是繼續對甲骨鑽鑿問題的深入探討，材料愈多，立論就愈可靠，也比較能得到別人的信從，因此我需要檢驗更多的甲骨收藏。日本京都的京都大學人文科學研究所也收藏為數不少的甲骨，我去信京都大學，得到回信，歡迎我前去檢驗及描繪該所收藏的甲骨。事前也聯絡了東京大學的松丸道雄教授，將前去拜訪他；在台灣讀研究所的時候，松丸教授曾經到過台灣，金祥恆老師也帶我去跟他見過面，所以還有一面之緣。

松丸教授來旅館找我，並在旅館旁的店家請喝下午茶，當天晚上又請我吃中華料理。第二天參觀他的辦公室，又從那裡帶我去國立東京博物館，還替我打電話連絡京都大學人文科學研究所，請他們替我訂旅館。在我從京都回到東京要搭飛機來台灣時，也再度見面以及請我吃飯。我始終沒有機會回請這份人情。

到了京都大學，甲骨都已從倉庫移到研究室，完全不浪費我的時間。我把每一片甲骨都翻轉過來，檢驗其背面的鑽鑿型態。比較完整的鑽鑿我就先描繪在柔軟的、透明的塑膠紙上，回到旅館後再轉移描繪到玻璃紙上以備發表時使用。打算做局部特寫照相的甲骨也都一一做記號，等待最後匯集起來，請專業的攝影師來拍照。這也是京都大學的人員替我安排的。等確定我可以完成工作的時間，他們也替我打電話去預訂旅館，並通知松丸教授我抵達東京的時間。

在我離開京都大學人文科學研究所後，就流傳了一件逸事：「許進雄先生來了之後，所有的甲骨都翻身了。」後來我再度拜訪松丸教授時，他讓我看之後他特地到京都大學所拍攝的兩千多張鑽鑿型態的照片，可惜他沒有這方面的研究著作發表。

有緣識得白川靜教授

也許是得到京都大學的訊息，白鶴美術館的白川靜先生帶了學生玉田繼雄先生來拜訪。他們已經看到了博物館出版的明義士先生收藏的甲骨拓本集，玉田繼雄先生正在編輯甲骨書籍的序跋文字，把文字翻譯成日文並加以註解。我在序言中提到幾個人名，他想要了解這些人的身分，也送我已經出版的第一冊。白川靜先生在銅器與古文字方面都有很多的著作，在學界裡很有名，後來台灣的學者將白川靜先生的三本小著作譯成中文出版。白川靜先生和我的老師屈萬里教授有書信的往來，也是老師所欽佩的學者之一，他讀過我以前的著作，大概認為我是可造就之材吧，所以親身來探望，並送我整套十幾本的大作《說文新義》以及及零星的銅器方面的論著。白川靜先生大概駐顏有術，我當時覺得他大我不到二十歲，不過應有五十歲以上吧。

中央研究院的甲骨

在回台之前，我已經跟在美國旅行的張秉權先生通過電話，他會在我到台灣之前回到台北，絕對沒有問題，可以盡量讓我檢驗中央研究院歷史語言研究所所藏的甲骨。可是等我人到了台北，見了當歷史語言研究所所長的屈老師時，驚聞張秉權先生將延遲回國，所有收藏甲骨的箱櫃都貼上了張先生的封條，沒有人敢撕開封條讓我檢驗甲骨。

我已取得中央研究院同意，而申請經費回來從事研究，如果白來一趟，豈不成為欺騙博物館的行為？再則，中央研究院收藏有一批所謂的王族卜骨，是我論文探討的一個重點，沒能看到這一批資料，我的結論就會存在著缺陷。怎麼辦呢？屈老師建議，請我博物館的館長和多倫多大學的校長寫信給中央研究院的院長，也許院長批示下來之後，就可以不怕背負撕下封條的責任了。我立刻聯絡博物館，請同事替我辦這兩件事。果然，這兩人寫給院長的信有了效果，批示應該讓我看甲骨收藏。但為了不多撕掉封條，最好集中在某些櫥櫃，而且事先要告知收藏號碼，以便一一移到觀看的地點來。我終於檢驗了最想觀察的一百多片甲骨，歷史語言研究所也安排自家的攝影師拍攝我要的鑽鑿型態的資料，並允許我可以在論文中發表。我特別感謝多倫多大學校長，為了讓一位學生論文的寫作順利，在百忙中火速寄出那封信。

博士學位

一九七四年多，倫多大學的東亞學研究所終於通過設立博士課程的評估，史景成教授要我把學籍從人類學系轉到東亞系來。史老師知道我撰寫論文的進度很順利，有一天告訴我，如果寫好了，今年也可以畢業。於是，我趕快加碼趕工，提出了口試的申請。十二月順利的得到學位，從史老師得知，國外審核我的教授包括我在台灣大學唸書時的文字學老師、中央研究院的李孝定教授。世界上大概找不到一個機構的博士課程才通過四個月，就有人拿到學位而畢業了。（劉兆佑教授的屈萬里老師的傳記，卻說屈老師是論文的評審者，也許兩位都是。）

籌備中國出土文物展

中國在文化大革命的末期，積極要打開鎖國的局勢，不但參加加拿大的商業活動，也簽約要將中國新出土的文物運到多倫多來舉辦一次大型的展覽。主要的工作就要由我們的部門承擔。首先是在博物館的館刊陸續撰文介紹與展覽內容有關的訊息，我也寫出兩篇文稿。

一九七五年，中國出土文物展正式在我們的博物館盛大的展出，認識開幕代表團員史樹青先生。史先生任職於中國歷史博物館，是有名的文史研究學者，研究的範圍很廣。後來我每次到北京都去歷史博物館拜訪他，是我非常欽佩的敦厚長者。除了我館出版的甲骨拓本，我也拜託代表團把我的博士論文帶回中國，轉給研究單位。我的論文很厚重，本來應該是用郵寄的方式寄到中國的，但此地的郵局解釋，該論文還不是出版物，中國的郵局不會接受非出版品，所以不能接受我的郵寄。我也就只好勞動年紀都很大的代表團團員裝在皮箱當行李帶回中國。

展出中國出土文物不單是加拿大的大事，也是北美東部地區的大事，因為這是多少年來中國第一次送出的出土文物，好多文物都是初次展出的。尤其這一年中國也首次大規模的參加一年一度設在多倫多的國家博覽會。從美國來的訪客，不論是私或公的，我接待的非常多。曾有客人送給我一瓶酒，我當時不會喝酒，不知道酒的價值高低，沒有想到可以帶回家以備宴客時使用，當場就要送給同事們。誰知大家都異口同聲說不敢接受，建議我買一瓶便宜的酒。我一再堅持，大家才接受。直至今日，我還在納悶：到底送給我的是什麼樣高價的酒呢！

認識李約瑟，劍橋作客

在倫敦的時候，我也順便做了一件事。前已言及，在整理館藏的甲骨時，發現有些甲骨被偷竊了。在把追討回來的甲骨，連同其他的館藏，又編輯成一本拓本集，將要出版時，竟發現其中有幾版已經發表，且屬於大英博物館的，因此只好將這些甲骨從拓本集中剔除，並填補其位置。這次到英倫作客，正好可以與大英博物館溝通，早日物歸原主。我拜訪大英博物館，請管理的人員清查文件，看看有無把其館藏甲骨贈送給別人的紀錄，答案是沒有，而收藏確實有所短缺。於是我就告訴館方，不必追查我如何有這些甲骨的原因，我以後會煩請李約瑟博士代為歸還。

我不了解英國的學制，李約瑟博士是劍橋大學之中某個學院的master，每個學院的master好像與學院的教學或行政組織都沒有關係。這棟建築有個花園，李約瑟夫婦就住在這兒，但其他教授似乎沒有跟家眷一起住在這裡。我被安排在一個房間裡，早餐有人送進房間，就在床上用餐。中午自理。晚上大家集合在大廳用餐。教授們排隊入場，有個人拿著權仗作前導，入門之際，廳堂裡頭聽到大聲喊「The master is coming」（主人來了）。坐定之後，有人送上餐點。餐後每人分發一根雪茄煙，還有專人替你點上火。我當然可以不抽雪茄煙。有一次李約瑟博士興緻勃勃，要親自煮土耳其咖啡給我們喝。本來我是不喝咖啡的，但礙於主人親自調理，我也勉強喝了。土耳其咖啡很甜，也很濃，本來我喝了咖啡是睡不著覺的，可是那一次竟然能睡著。

與中國學者互動

一九七二年博物館的出版部終於出版了明義士先生的甲骨集。此集發表三千多片的甲骨，有很多重要的資料，而且拓印清楚，裝訂精良，無疑是當時甲骨學界的重要事件。很快得到學界的關注，在五個刊物裡被介紹了[1]。

中國的學者從這些刊物知道此書出版的消息，但沒有門路可以購買得到。首先我接到中山大學商承祚先生在香港的親人——賀文略先生的來信，希望得到此書。因此，一九七六年我得到商承祚先生回贈的墨寶，臨寫出土的竹簡《孫臏兵法》，曰：「我將欲責仁義，式禮樂，長

1 如《中國文字》第四十四期（一九七二）、《Journal of Asian Studies》三十二卷第二期（一九七三）、《Journal of the American Oriental Society》第九十三卷第三期（一九七三）、《甲骨學》第十一期（一九七六）、《T'oung Pao》第七十二期（一九七六）。

衣常，以禁爭挩，此堯舜非弗欲也。不可得，故舉兵繩之。」的隸書體法書，以及賀文略先生所畫的竹子，上有容庚先生的金文書體題辭。

後來我兩度到廣州中山大學拜訪商先生，也認識了一些商先生的學生。一九七四年胡厚宣先生來信索取明義士所藏甲骨，此後我與胡先生就有緊密的書信往來，也多次在國內、國外見到胡先生，一直持續至他去世。胡先生經常拜託我為他購買藝文印書館出版的甲骨書籍，後來我就介紹旅居美國的嚴一萍先生與之直接通信。嚴先生經營藝文印書館，替胡先生購書更為方便，免得我還得做轉寄的手續。在更遲的時候，吉林大學的林澐教授也來信希望得到博物館出版的我的三本甲骨著作。後來以吉林大學編撰、中華書局出版的甲骨著作回報。

第一次到中國

文革末期，中國打開鎖國的心態，開放外國人去旅遊。我有一位潘姓朋友，在此地的台獨人士群中頗有聲望，服務於聯邦政府的經濟部，有一次作為聯邦政府的代表團成員到中國訪問，加拿大全國性的報紙《地球與郵件》，在第一版用他登上長城的巨幅圖片和斗大的標題「每一塊磚頭都對著我說：這就是你的祖國」，刊出代表團在中國訪問的消息。回來後當然受到台獨人士的責罵。我很好奇，這位台灣出生、主張台獨的朋友為什麼會有這樣的感觸呢。所以也很想親自去體驗一下。

我的老師史景成教授，是北大的學生，拿庚子賠款到美國來留學。為了探索宗教的真諦，他讀神學博士的學位，但發覺宗教是空虛的，在離開學校時，把博士證書給丟進垃圾桶不要了，想不到被校方從垃圾桶裡撿出來寄還給他，所以就保存了下來。第二次世界大戰後史教授在加拿大定居，遊說立法人士讓修築鐵路的中國勞工可以把家眷帶過來，對中國勞工來說，這是莫大的功德。一九七五年中國政府呼籲僑胞組團到中國共慶國慶，我的老師被選為加拿大團的團長，老師希望我陪著去，順便照顧他。老師也替我籌了經費，大學的東亞系和博物館各贊助一半的旅費。內人反對我去中國，生怕台灣的家人受到牽連，我卻不聽勸告，堅決要陪老師到中國。果然，從此雙方家人都受到干擾，內人為此對我很不滿。

會見胡厚宣教授

到了北京，國務院的人員來接待，我向來人提出要見中國社會科學院歷史研究所的胡厚宣教授的願望，因為他跟我有書信的往來。胡先生是研究甲骨的有名老學者，他既然能跟我自由通信，沒有不能見他的道理；誰知回答竟是胡教授不能見外客。我就說加拿大的大使館答應我此行可以從事學術的活動，國務院應該盡力安排；他回答說，國務院不必履行大使館的承諾。我一氣之下就說，你看著辦，不安排將是中國的損失。就這樣不歡而散。

誰知第二天一早，地陪來告訴我，大夥兒將去外地參觀，我特地被安排在飯店內和胡厚宣教授見面。果然不久我被帶到一個房間，胡教授已在那裡等候。禮貌地握了手之後，我們就面對面坐了下來，地陪也側面在我們之間坐下來，很顯然，我們不能單獨會面，胡先生不能發表超乎範圍的言論，我本也不打算作專業以外的交談。我首先關心胡先生研究的近況，因為他已經很久沒有發表學術論文了，他回答說他配合國家給予的任務，專心訓練十個學生，因為過去一段期間，大家都荒廢了學業，人才不濟，所以訓練人才是首務，個人的研究暫時停頓，也談到他將主持一個國家交付的大型研究計畫，後來甲骨學界都知道，這個計畫是編輯《甲骨文合集》。

胡先生當然也問我的研究情形，我就說明該年已拜託中國文物展的代表成員帶回我的博士論文影印本兩厚冊，然後就詳細介紹我以甲骨上的鑽鑿型態作為斷代標準的發現。胡先生也認為鑽鑿型態的斷代法是很值得開發的研究項目，他對中國收藏甲骨的情況做過詳細的調查，將來有機會可以帶我全國走一趟，描繪甲骨上的鑽鑿型態。交談了一個多鐘頭，地陪就說也替我安排了去參觀社會科學院的考古研究所，所以就結束了談話。

想不到考古研究所就在我們所住的華僑大廈的對面，所長夏鼐先生已在辦公室準備接待我與地陪。一陣寒暄之後，就帶我去參觀各個研究室，一下子也記不得那麼多人，有記憶的是金石組的組長王世民先生，因為我們所學的內容比較接近。在參觀中途，我看到一個櫃子展示甲骨實物，是新近發掘的大版肩胛骨，是所謂的王族卜骨，是我比較少收集到的材料；我就請求讓我描繪骨上的鑽鑿型態，所方就說當天的場面太混雜，改天再安排，結果當然是找不出雙方都合宜的時間。後來我多次到中國，和很多各方面的學者認識。有人告訴我，當時胡先生很害怕，因為文革期間非常忌諱有海外關係，好不容易從勞改被調了回來，不知這次的見面會帶來什麼樣的結果？結果是，從此國內的學者可以跟外國人見面了，無意中我做了個破冰的工作。

辦中文小學

不久因為孩子們的中文教育問題，就決定設立中文學校。加拿大憲法寫明人民有受母語教育的權利，安大略省規定，有意願學習母語的人，只要組成十二人以上的班級，可以物色到合格的老師，就可以商借公立學校的教室，由教育局支付場地、教師、管理人員的費用。我們這群人家大都受過高等教育，師資不成問題，經費既然不成問題，何不向教育局提出申請，要借用在新中國城鄰近的小學，設立幾個星期六的中文班級，除了自家的小孩，也可以順便教育別人家的小孩。申請很快就得到批准，大家就分別當起了授課老師或校長。

教材最先是採用自編影印的方式，漸漸向各方面尋找合適的課本，節省精力。在中國城附近辦學校有個好處，家長們可以順便買菜，停車與聊天也不缺場地。上完課後，不想回家燒飯的，也可以就近在餐館裡吃。開學之後，一點也不用煩惱招收不到足夠的學生，學生來自全市的各個地區，認識很多家庭。

教學是採用繁體字，或是簡體字呢？拼寫用漢語拼音，或是注音符號呢？因為聯合國已要求全世界採用簡體字與漢語拼音，一來簡體字比較容易學，對於國外的孩子比較沒有壓力，二來也是順應國際的大形勢，所以就決定依從聯合國的政策，使用簡體字與漢語拼音來教學。在行用多年之後，因為中國來加拿大移民的人數越來越多，教育局竟然也編起了教科書，要求接受補助的學校也採用。經我們交涉後，我們可以把課文改成簡體字，加註漢語拼音後，再由教育局影印發給我們使用。

我們的教學曾經一度遭到騷擾。國內的政權反應過度，竟然向教育局舉發我們的教育方式是錯誤的，請求不給予我們經費的補助。教育局就要求我們開公聽會，要聽取家長們的意見，來參加公聽會的人竟然大都不是我們學校的家長，當家長發言的時候，也群起鼓譟干擾。我以家長以及多倫多大學東亞系教授、皇家安省博物館遠東部主任的身分發言，當然遭受到更多的阻礙，但在開了二次公聽會之後，教育局仍然補助我們經費，一點也沒有減少，因為這是法律規定的人權。

聯誼社開辦的中文小學，每年大致依程度的高低開有五個班，學生約有七、八十人。除了正常中國語文的教學外，我們還得找場地和時間，準備年度的遊藝節目演出。夏天休假期間，也籌備野餐烤肉的活動，可以說辦得生氣勃勃，大家都很帶勁。不但教學生練習唱歌與跳舞，有一次家長們還排練話劇的演出。記得演出的劇名叫「打碎一個花瓶」。我沒有表演的才能，只能參與道具的製作，或聯絡等事宜。由於社員們大都是上班族，能夠捐獻的金額有限，演出使用的道具都是買材料回來大家一起製作，合作無間。由於人手有限，經費不足，加上缺乏演藝經驗，在演出一場以後，沒有人有勇氣敢提出排練第二齣劇目的建議。現在回想起來，也算是一種另類的欣悅與滿足。大致在一九九〇年代，我們聯誼社自己的孩子們都已長大，不用上中文班了，而社員的年齡也增大，似乎精力也已耗盡，所以就把學校的責任交給了非社員的家長。

聯誼社的成員，大致地說，讓人覺得帶有左傾的印象。成員中不少高學歷者，在老華僑的團體中，被認為是較有文化水平的，比較被尊重。中國城如有比較大的聚會時，也往往被邀請參與，甚至登上主席台的位子。我既是聯誼社的成員，在僑界裡也算醒目的人，自然有人對於我的行動會比較注意，甚至回報台灣，使得我被列入黑名單，不能回台探視親友。大陸之行想來不是我被禁止回台的單一原因。

記得有一次我們夫婦到一戶人家作客，正好其女兒與女婿也在座，這位女婿是台灣政工系統畢業的。飯後友人建議我也湊一角，打打麻將作為餘興節目。在牌局中，此人講說蔣經國有意培養蔣孝武當繼承人，我就回應說，父子連續當總統的形象已不好，如果再祖孫三代連續都當上總統，不但是被視為開民主的倒車，而且將在歷史上遺臭萬年。兩天之後我接到一位人士的電話，開口就說你打麻將的技術進步多了；我從來沒有和此人打過麻將，一定事出有因。我回答說我已經好久沒有打麻將了，你說這話到底有何用意，完全忘了兩天前發生的事。他說，你沒打麻將嗎？兩天前……，我一聽到兩天前，立刻就記起了作客的事。他接著說，報告我已經讀到了，以後說話要小心。

助理研究員，主管遠東部

一九七六年，雖然我拿到了博士學位，但因不是博物館編制內的人員，所以不能升級為助理研究員。但館方又不能不回應我的新學位，提高我的薪水，於是就創出一個職稱，以中國學研究員來安置我。很幸運的，第二年，我們的主任時學顏博士被真除[1]為國家藝術館的館長，到首都渥太華上任去了，遠東部門的編制空出了一個研究人員的名額。我就順理成章地遞補為助理研究員，成為編制內的員額，不必再煩惱今後工作有無的問題了。這年又獲得加拿大學術院的獎助，出版了英文著作《The Menzies Collection of Shang Oracle Bones: the Text》（明義士所藏甲骨文字：釋文篇）。來加拿大整理明義士甲骨的工作終於告一段落。

1 編註：真除，意為實授官職，指去除舊的職位而就新秩。

鑽鑿形態研究的宣傳

一九七八年是我將自己對甲骨上鑽鑿形態研究的結果大力向甲骨學界介紹的一年。首先是在多倫多舉行的美洲東方學會議上宣讀〈鑽鑿形態對甲骨研究的應用〉，並為與會的學者在博物館內主持甲骨上鑽鑿形態研究的研討會，展示各時期甲骨上的鑽鑿形態，讓學者可以近距離地摩挲甲骨，並檢驗我所呈報的種種現象是否屬實。又將我的博士論文的部分內容發表〈甲骨的鑽鑿形態示例〉（《董作賓先生逝世四十周年紀念集》，台北：藝文印書館）、〈鑿鑽研究述略〉（《屈萬里先生七十榮慶論文集》，台北：聯經出版事業公司）兩篇文章，讓學界早點知道其成果。一九七九年，藝文印書館也將中文與英文的全文出版為《卜骨上鑽鑿形態的研究》。一九八〇年之後出版的《小屯南地甲骨》的鑽鑿形態的研究，無疑受到此書的影響，我的研究方式完全被採用了。

因為主任時博士真除為國家藝術館的館長，我補缺為助理研究員。不久新主任芭芭拉．史蒂芬女士被任命為副館長，館長就召見兩位助理研究員以上的位階者，以便任命新的主管。另一位同事的位階比我高，且是美國籍，應該是當然的人選。想不到，也許是副館長的推薦，或許館長認為遠東部的主管應該是個會說東方語言的人，所以先問我是否願意負起主任的責任。當時我沒有推辭，就不客氣地回答說願意做做看。於是館長也不再問另一位同事的意願，立刻任命我為新的主任，所以我的職稱便成為助理研究員兼主任（Assistant Curator-in-charge）。主任有權處理部門的所有業務，包括經費的使用與人員的指揮和雇用權。

我來多倫多是為了整理明義士收藏的甲骨，在把拓本拓印以及釋文撰寫的工作都完成了之後，我就半工半讀，一方面到多倫多大學修學位，一面又進行另一批館藏甲骨的整理。這批材料以我們遠東部的第一任主任懷特主教的收藏為主，輔以其他人的收藏。懷特主教的中文名字是懷履光，當過中國河南地區的主教，所以大家都以懷特主教來稱呼之。他在本地曾被批評動用不少推展教務的經費購買了很多中國的宗教與青銅器時代的文物。在學界裡，懷特主教是很有名氣的。懷特主教甲骨的整理到這時候也已宣告完成，我也再度得到加拿大學術院的獎助，於次年出版《Oracle Bones from the White and Other Collections》（懷特氏等所藏甲骨文集，多倫多：安大略省博物館，一九七九年）。主任的任命來的正是及時，我可以全力籌畫今後部門所要前進的方向了。

二度中國行，拜訪商承祚教授

這一年夏天我再次到中國旅行，首先到廣州的中山大學拜訪容庚與商承祚兩位教授。容庚教授是有名的銅器研究專家，是學界沒有不聞名的學者。但是當時已老病而在家休養，不能相見，後來有人送我一幅容先生題了字的水墨畫，說是補償這次未能相見的遺憾。商教授因為得過我編寫的明義士甲骨書籍，所以熱情的招待，商先生招集學生們在研究室裡談論，後來還招待我到一家有園林山水的大餐廳吃飯。

原來商先生是有名的書法家，這家餐廳掛了好幾幅商先生的字，和他有特別的交情。我沒有向商先生索求墨寶，但他後來寫了一張臨摹孫子兵法的橫幅，還裱褙了後請人送到加拿大給我，讓我非常的感動。當日筵席有一道竹笙湯，當時還很少人知道這種食品。商教授很費力地以廣東口音向我解釋竹笙是什麼樣的東西，我當時是一知半懂。多少年後回台灣，不知是經由正式或其他的管道，竹笙已成為台灣常見的料理材料了。

與畫家的友誼

這次到北京，除了之前認識的社科院胡厚宣教授、歷史博物館的史樹青教授，又多了一位畫家必須拜訪。我之前的助理帕蒂小姐，她的父親威爾遜博士改任省屬單位的科學館館長，和中國的歷史博物館有個合作的計畫，將在科學館展示中國的科學文明。如有中國來的客人，魏爾遜博士常會請我當陪客。歷史博物館派遣陳大章為首的先遣團來多倫多商談展覽的計畫。魏爾遜博士想辦的展覽不是傳統的文物展覽，而是有活動的科學性知識的操作，他一再拜託，要把他的想法正確地讓中國的先遣人員了解，所以我和陳先生有相當多的時間交談。

在交談中，對彼此的工作和專長都有所認識。他的祖先來自福建，家傳的技術是繪畫小孩子的生活形象，清初時被徵召到北京，為皇家服務，專門繪製小孩子題材的畫以供各種用途，因此也接受賞賜而定居在紫禁城旁的皇史宬的隔鄰，以便就近服務皇家。陳先生除家傳的孩童畫外，也畫花卉和山水。當時擔任歷史博物館的設計部主任，管轄幾十名工藝人員，所以被派遣前來交換展覽的創意。我當時接任遠東部主任之職不久，對於提升部門收藏的內容有一些想法。我們遠東部門收藏的中國文物被評估為中國境外的十大收藏之一，有很多文物不但是世界一流的，甚至連中國本地都還闕如，可是對於中國書畫的收藏卻極其貧乏，有虧第一流博物館的榮譽。當時部門並沒有充裕的經費可以購買，很想從當前的中國書畫家開始收集，期望在三、五十年之後可以應付展示的起碼要求。陳先生和中國當代畫家們有相當的交情，可以幫我完成一些願望。當時也約定，他將盡力幫助我完成願望，所以我來到北京一定要去拜訪他。

我來到北京的時候，正好多倫多科學館的先遣人員也來到北京商量展覽的事宜，所以就相約一起到他家。皇史晟就在紫禁城外的第一條小巷弄裡，他這個四合院裡住了三家，顯得有點雜亂。他說已有重建的計畫，政府將在較近的郊區撥給他兩個單位。我們這些外國人出現在他的住家，對於其他的住家，好像很自然，沒有訝異或驚慌的樣子，想來中國對外開放的政策已有成效，不再覺得有海外關係是不好或會倒楣的樣子了。三家人住在一個四合院裡已擁擠得很，加上陳先生需要有個大桌子以便創作，所以他的家更顯得侷促。不過，後來我到武漢旅行，有位陌生人請我到他家參觀，讓街坊的領導看到他有外國朋友，肯定會對他的居住條件有所改善。陳先生比起武漢的一家三口人的全部活動都在一個房間裡的條件，好得太多了。

以後我幾乎每年到中國，和陳大章的家庭也幾乎成為一家人了。他的夫人也在歷史博物館工作，是修護部門，女兒在北京飯店工作，大哥在鄭州當銀行的行長。後來我去鄭州遊歷，也讓他的大哥破費。陳先生的交遊廣闊，是北京畫會的重要成員。當時大陸的大公司，開幕時經常邀請書畫家前來揮毫助興，順便送些筆潤。算是北京名畫家的他，在各行各界都有交情，譬如買不到飛機票、火車票、或訂不到旅館時，都可以找他幫忙。或可能見我是個學者，做人也誠懇的原因，陳先生對我是一見如故，熱情對待。我如向他索取畫件作為送朋友的禮物，他也毫不吝惜的揮筆。

有一次我要到吉林開古文字學的會議，但怎麼也買不到前往吉林的任何機票或車票，他就替我打電話買火車票（當時家裡有電話是不簡單的事），竟然給我弄來一張票而劃了兩個座位。那天不知碰到什麼節日，火車廂裡不但擠滿了人，連座椅之下也鑽了進去躺臥。我不好意思獨佔兩個座位，就把一個讓給了一個比較需要的人，我首次經驗了如此滿載的火車班次。又如，北京的東來順涮羊肉是非常有名的，有次某單位招待我去吃過，我喜歡那道菜的滋味，但自己怎麼也訂不到位子；我一談起這回事，他立刻問我想去的日子時刻，就打電話給該餐館，囑咐留一個位子給我，就這麼簡單。以後每次去北京，他就記得替我打這樣的電話。陳先生的良好社交關係，可能跟鄧小平的女兒鄧林有關係；鄧林也是個畫家，在歷史博物館的設計部門工作，算是陳先生的下屬，兩人私交很好。陳先生有幾次與鄧林女士到日本開畫展，收入很高。在陳家，我經常看到連我都用不起的日本最新產品。在相當早的時代他也擁有一輛私家車，有司機，有一次還用私家車載我和他全家到北京與天津之間的別墅度假，隔壁就是鄧林的別墅。我遊過黃山後，請他畫一張黃山的景色讓我做兩人交往的紀念，他立刻畫了幅黃山飛來峰送給我。

以陳先生在中國的社交關係，要幫我收藏一些當代中國畫作應該是不困難的。但是我們部門負責中國書畫的女性研究助理，雖是香港大學的博士，學術的修養很夠，但是不太通人情世故，竟然堅持要經過她認同的畫作才願意接受。我怎麼能夠向黃永玉、李可染、吳作人等大畫家說出這樣的條件呢？後來就不積極做這方面的努力了。

中國歷史博物館的史樹青教授

一九七五年，中國派遣四名成員來參加博物館的中國出土文物展覽開幕式，服務於中國歷史博物館的史樹青教授是成員之一，史教授是文史學界的著名老教授。他對於我的文字學著作也有些了解，所以大家同行，交談甚歡。來到了北京，當然要去拜訪他。

史教授為人和藹可親，生活非常簡樸，和他有過二次在外頭吃飯的機會。有一次他來我下榻的華僑大廈晤談，到了吃飯時間，我堅持請他吃飯，他一定是怕我花錢，就說大廈對街的不遠處有賣北京小吃的，建議到那邊用餐。史教授是老北京，我當然跟著他走，原來是處賣大眾化甜糕點的地方，並不是餐廳，有什麼驢兒滾、彎豆黃一類的小吃，每一樣的分量都很多，很便宜。史教授既然指定吃這些東西，我雖不以甜點為主食，也只好陪著他吃。有一次想帶他吃不一樣的東西，我帶他到一家空運美國新鮮食品，以美國人為對象的餐廳，結果史教授不點肉類，專門點蔬菜。他一定不了解，新鮮的蔬菜比較貴，可冷藏的肉類反而便宜。

有一次他親自陪我在展覽室裡參觀，我見到展櫃中有一幅標示新石器遺址的地圖，心想可以作為講課的教材，就徵詢他是否可以拍照，史教授回答沒問題。但當我拍完照後，一位解放軍出現，要沒收我的底片，說地圖是不準拍攝的，史教授就堅持可以拍，解釋第幾號的文件已經下達可以拍攝的新規定。這幅新石器遺址圖已在歷史博物館所出版的《歷史圖冊》中刊載，並不是秘密文件，對我來說並不是很重要的訊息。我只惋惜其他拍攝的影像也將一併被銷毀而已。爭執了好一段時間，解放軍終於讓步。

史教授大概也負責文物鑑定與購買的任務，記得很清楚，有位農民拿來一件田地裡挖掘出來的唐代葡萄海馬紋銅鏡，他當場替博物館以十元買了下來。文革後，中國不禁止人民收藏文物，但不能攜出國境。有位朋友購買了幾塊仿刻的甲骨，就在上海出關的時候被攔截了下來，費了好多時間證明是複製品，才被釋放，但已錯失了班機。

搬遷辦公室與庫房

當上主管後，第一個任務就是執行辦公室與庫房的搬遷事宜。安省博物館本來是多倫多大學的一部分，由於業務擴充神速，一九六八年從大學分出，成為省政府直屬的單位。經過十年的發展，研究與展示的空間都嚴重的不足，省議會議決撥款擴建。

博物館的位置，東與北是街道，且是地鐵線經過之路，南與西則是多倫多大學用地，四周都無擴充的可能，只好在本身的用地想辦法。決定把北邊的花園改建成三層的階梯式展覽廳，同時拆掉老舊的研究室與停車場，改建成地下三層、地上六層的研究中心，使每一個部門的研究室與庫房都在同一地點。遠東部與西亞部門被配置在六樓，設計藍圖繪製後，各部門就開始計畫搬遷的各項細節。新的研究大樓是將辦公室與庫房放到同一個地方，庫房又根據各別部門的需要隔間。

遠東部共有四種不同需要的庫房，一是需要有穩定高濕度及恆溫的房間以收藏木製、象牙、犀牛角等類文物；二是低濕度的，主要收藏金屬的製品；三是收藏無灰塵、無光線的紙類文物；四是收藏比較不受溫度及溼度影響的文物，諸如石頭、骨質、玻璃、陶瓷等類。然後又根據收藏的種類和數量，估計需要的開放和密閉的空間，分別配置鐵架或木櫃。木櫃有門戶可閉鎖，且有軌道可調整各個階層的高度。每件文物都根據各自的收藏條件分別放置在某個地點，並在電腦裡編號和建檔，以最節省空間的方式把文物分別裝入櫃中之後，就貼上封條暫存於臨時的庫房，等待新樓裝潢完成後，就一一移到事前已編號的地點，減少混亂及調動位置的麻煩。在事先縝密的規劃下，遷館順利的完成。

一九八六年我到西安參觀時，正值中國與聯合國合資，要在此地建造有最新設備的博物館，籌備處的鐵主任知道我們博物館剛做過搬遷文物的工作，有些經驗，所以把新館的設計藍圖讓我看，請我對幹部們解說文物搬遷工作所遇到的一些問題與解決之道，我大致做了三個多鐘頭的演講，並建議把修護部門調整到比較接近展覽廳的位置，而不是經過幾次上下階梯的走路歷程。聽說我的演講為博物館節省了不少經費，所以開幕時邀請我為貴賓。可惜籌備時期的鐵館長在陝西歷史博物館正式開幕之前的幾個月過世，不及領受成果。

這次的演講有個沒有完成的插曲，可能使中國的博物館事業有點遺憾。趁新館修建之便，博物館當局決定把館藏的三幅大型元代壁畫恢復舊觀及加固，以期能做更久的展示，因此特地向國內的教學單位調配，成立了一個十人的修護小組，經過兩年的努力，完成了預期的修護與延長文物壽命的目的。這時壁畫修護小組的成員尚未解散，所以我向鐵館長建議來個交流計畫。西安附近有大量的唐代壁畫墓葬，但因壁畫色彩的褪退問題難以解決，所以大都封閉著，不開放參觀，而我們進行的壁畫修復技術並不需要太多的精密機械，重點是知道如何去做。中國有的是人力，所以一點都不成問題。

我建議各派二人為期兩或三個月，機票各自處理，生活費則由對方負責。中國派來技術人員學習各項技術，我們則去研究他們館藏的陶俑。鐵館長表示原則上同意，但要得到國務院的批准才能簽約，結果這件事因為鐵館長之去世而不了了之。後來北京歷史博物館的人告訴我，鐵館長向北京歷史博物館建議各派一人到加拿大，機票由北京支付，西安則負責來人的生活費用。但是那時候中國非常缺乏外匯，博物館雖有充裕的人民幣經費，卻缺外匯，所以都不願選擇支付機票，因此這個案子就不能進行。我聽到之後感到非常遺憾，如果鐵館長向我說明困難的所在，我相信不難找個人捐款購買這兩張機票。

在多倫多大學授課

在多倫多大學拿到博士學位後，老師首先安排我代他上課，一九七九年我就為自己爭取到一個教課的名額。博物館原本是大學的附屬單位，職員的名額在大學編制之內。一九六八年擴編，自成為省屬的單位之後，大學仍保留十八個名額給博物館的研究人員到大學教課之用。這些大學職稱的任命被列在教授的名單，但是不支取教授的一般薪水，而領受研究經費；此項收入不算薪資所得，但也不能用來支付日常的個人生活開銷。此經費可以購買研究設備、僱用助理人員、進行學術訪問等目的。從此我利用此研究經費，幾乎年年出國參訪學術單位。

我因本身的英語還不流利，所以選擇上研究所的課，學生少，對中文的認識也比較深厚，對我來說，比較容易勝任。這一年，在某次系務會議中，系主任要求教授們多開一些有趣味性以及通俗性的課程，以便吸引較多的大學部學生來選課，因為新政策要依選課的人數計算給予部門的撥款。會後我思考，中國與其他較古老文明的文字都起源於圖繪，象形文字可以反映創字時代的生活環境、使用的工具、生活的方式，甚至是處理事務的方法和思想概念；我們如想探求古代社會的一些具體情況，分析古文字所得的資訊會對之有莫大啟示。自己的專長是甲骨學、中國文字學，如果選擇與日常生活有關的古文字，說明其創作的含義，配合文獻與地下發掘的考古材料，再結合國外所學得的有關人類學的知識，選擇有趣的題材，以淺易的說明，並討論相關的時代背景，也許會提高不以考古或歷史為專業的學生來學習中國文化的興趣。尤其是中國古代文字的創造以表意為主，不但字數多，其涵蓋的範圍也遠較其他的古文明廣泛，有可能集合很多象形文字，分章節各別討論各種主題，分量足夠充當一個學年的講課材料。

當我把這個構想向同事們徵詢意見時，得到出乎意料的肯定，認為這樣的課可以引起學生的興趣，於是立即把講課大綱寫出來向學校申請開新課。一九八〇年開始上課時，學生只有十二人，華裔洋人各半。由於國外的學生對於中國古代的歷史和文化不熟悉，記筆記時對有關的人名、地名和文獻資料都感到相當的困難，於是我就把自己準備的筆記發給學生，使他們的學習和理解容易些。幾年後講義遞增，有成為專著的模樣，乃於一九八四年付梓出版（台北：藝文印書館），省卻每年為複印教材而忙碌。當初講課的主要對象是非華裔的學生，不想開課一、二年後，來選修的華裔學生大大超過本地生。要求選修此課程的學生人數，一下子跳到五十、一百、二百，但我都限定人數為三十五，一直教到一九九六年離職。

這個教學的內容和講述的方式看起來好像頗適合華裔學生，心裡又想，說不定它也適合國內的學生，所以探詢出版中文版的可能。更出乎意料之外，臺灣商務印書館於一九八八年九月出版後不久，一九九一年韓國的洪憙先生譯成韓文，由東文選出版；一九九三年韓國嶺南大學的中國研究室也集體合作譯成韓文，由該校出版。中文本出版之後，材料又繼有增加，有些看法也較過去的成熟些，又被告知第二刷也售罄，於是建議出修訂版；一九九五年修訂版出版後，又一再的新刷了好幾次。之後有位香港學生的家長，取得我的同意，出版了第四個文本的英文修訂版。二〇〇七年北京的中國人民大學認為也值得介紹到中國，於是又稍加修訂，以簡體字發行；二〇一三年臺灣商務印書館又再次出版新的修訂版。想不到一時的起意，竟成了自己銷售最多的書，共有二種英文本，四種中文本，二種韓文譯本。

中國的交換學者

加拿大和中國的關係一向友善，各種的交流也很多，一九八一年簽訂交換教授的協定。加拿大政府或許覺得，第一位被派到中國的教授應該能夠與中國學者充分交流。加拿大會說流利中國話的教授可能不多，也可能別人沒有意願，所以就選上了我。加拿大學術院給我來了一封信，徵詢我到中國訪問三個月的意願，我答以因博物館業務繁忙，只能去一個月；學術院回信，與中國的協定是三個月，如只去一個月，加拿大就吃虧了，所以要另外找人。想不到暑假我到中國旅行，打算參加第一次邀請國外人士參與的古文字學會議，在我所住的華僑大廈，突然來了一位中國社會科學院的人，說明加拿大學術院已經同意我到中國擔任一個月的訪問學者，從此我就是他們的客人，如果不嫌棄的話，也不必換旅館，一切事宜就由社會科學院負責與安排，並說有一部帶司機的轎車全程為我服務，同時歷史研究所的齊文心教授將當作我的陪同，負責聯絡所有學術與文娛活動。

訪問的機構，首先是社會科學院歷史研究所的先秦組，這是以研究甲骨文為重點的單位，也是胡厚宣教授所率領的研究團隊。首先讓我檢驗研究所收藏的甲骨上的鑽鑿型態，那是我那幾年研究的重點，接著就和全體成員開座談會。又安排到北京圖書館，也拿出館藏的甲骨讓我檢驗鑽鑿型態，都是特別選出的，具有明顯斷代標準的標本。不久我就讀到圖書館的三個館員的論文，于秀卿、賈雙喜、徐自強聯合發表了〈甲骨的鑿鑽形態與分期斷代的研究〉（《古文字研究》六），所舉的例子就是讓我檢驗的內容，所得的結論，和我之前所發表的結論完全一致，呼應我的斷代研究的一致性與可靠性。接著到北京大學訪問，我要求旁聽中文系的課程，了解上課的情形，所以安排旁聽大學部聲韻學的課，發現教授一再強調要用唯物史觀的思考方式學中國的聲韻學，但我看不出唯物史觀和聲韻學的內容上有何密切聯繫。也安排我到考古人類學系對學生演講，我把在多倫多大學的教材擇要，用甲骨文字印證古代生活的各個方面。演講後，高明教授表明意願，邀請我到考古人類學系客座一年，以半年講課，半年研究北大所藏的甲骨來吸引我；這年我剛接受主管博物館遠東部的業務，正全力投入遷館與全面換新展覽的工作，連擔任三個月的交換教授都得拒絕，哪能離職一年，所以就婉謝了。

在北京，我最想看的東西是社會科學院考古研究所在小屯南地發掘的甲骨。這是沒有被盜掘，完全是在考古人員控制下的正式科學性發掘，有完整的地層記錄，甲骨數量又多，該是檢驗我以甲骨上的鑽鑿形態作為斷代標準的最好良機。其研究人員的研究報告，從地層的時代序列所得的結果，和我以鑽鑿形態斷代的結果是一致的，但是有非常少量的——我認為是第四期的，竟然被放在第一期，用以證明所謂的王族卜辭是第一期的。我有必要檢驗其上的鑿鑽形態，於是向文化部請求檢驗這批材料，得到同意的回答，接著，考古研究所所長夏鼐教授、金石組組長王世民先生也都同意了。誰知到了安排去看的前一天晚上，有個和胡厚宣先生有密切關係的人打電話給我，說胡先生向考古研究所激烈抗議，絕不能讓我看那一批甲骨，理由好像不合理，說害怕我的名氣會超過胡先生。果然，到了考古研究所，包括整理小屯南地甲骨的三個成員（肖楠）和我開座談會，沒有說明何以不讓我看甲骨的理由。我向他們提出：某一版用以確定地層年代的甲骨，吉林大學的林澐教授也不認為是第一期的；結果得到的答案讓我吃一驚，說：「如果不那樣做，就不能證明王族卜辭是第一期的。」我不能不佩服此人的誠實，但也哀傷屈服在威權之下的作為。後來描繪的全部鑽鑿形態的專刊出版了，他們的論據也沒有變更，我就寫了一篇〈讀小屯南地甲骨的鑽鑿形態〉（《中國語文研究》，一九八六年第八期）作回應，也沒有得到任何回答。

事後我不能理解為何胡厚宣先生要反對我檢驗小屯南地的甲骨，把王族卜辭斷代為第一期又不是他所提出來的。我檢驗自己和胡先生交往的經過，應該是沒有讓他如此生我氣的地方。他先是來信向我索取明義士的拓本集，後來請我替他購買和郵寄國外出版的書，他以國內出版的書回饋。我還介紹旅居美國、經營藝文印書館的嚴一萍先生給他，改由嚴先生郵寄圖書給他更為方便、快捷。胡先生還自動向我承諾，要帶我全國走一遭，看看各地收藏的甲骨，他怎麼會在這個重要的時刻激烈地扯我後腿呢！告知我這個信息的人，也是胡先生曾向我說很喜愛的人，怎麼會出賣胡先生，向我告密呢？後來我有好幾次機會在國內、國外接觸胡先生，也不好詢問這件事的真假。後來我和王世民先生比較熟了，向他詢問此事，他說胡先生絕對沒有反對此事，完全是他的手下不願讓我檢驗小屯南地的甲骨。我後悔有一次胡先生受邀來美國訪問，繞道來多倫多，我沒有招待得很熱情。

拜訪了北京有研究甲骨的單位之後，便飛往上海。上海博物館的沈之瀹館長，給我看館藏的甲骨，大都是小片的，沒有很深的印象。然後是復旦大學，晤談的學者名字已記不清楚，好像是李圃。但是我卻對一位研究《說文解字》，名叫祝敏申的學生頗有印象，一直奇怪何以此後沒有見到他寫的文章，後來知道他留學澳大利亞，改做生意了，很是可惜。在復旦大學的大禮堂做了一次演講，大概是學校把它當作一件大事，動員了學生，竟然座無虛席。

有朋自遠方來

多倫多和台灣的位置大致是在地球的相對地點，所以相距的距離可說是最長遠的。旅行起來，搭飛機都要花十八個小時以上的時間，所以相訪很不簡單，因此除了曾永義教授，我在大學的密友很少來多倫多找我。我記憶中，永義好像來了七次之多：第一次是一九七九年，受我們學系的邀請，一個人前來做演講；一次是與旅居密西根安納堡的莊哲先生全家來玩，一次是來北美開會而繞道前來，一次是與曾大嫂同來，一次是全家三人旅遊前來，一次帶領歌仔戲團，一次帶領布袋戲團來公演。每次我當然都盡地主之誼，或是設宴，或是參觀旅遊。以下略記印象比較深刻的幾件。

一九七九年永義應該已晉升為教授，到美國的哈佛大學當一年的訪問教授。我獲知這個消息後，就在多倫多大學東亞系的系務會議裡，建議邀請永義來做一次有關中國戲劇，或俗文學的演講，因為曾教授負責整理中央研究院歷史語言研究所所藏的龐大民間戲曲抄本，掌握很珍貴的第一手資訊，一定可以深入淺出，給學生們做有價值的介紹。系裡的同仁順從我的建議，決定發出邀請函並附上機票。而且，系裡曾到台灣學習京韻大鼓而說一口道地北京腔的史蒂芬（史清照）教授，也答應充當演講的翻譯。這次演講吸引了四、五十位的師生。永義幾乎不能相信演講費的支票是加幣二百多元。

第一次來到多倫多的客人沒有不想去參觀世界流水量最大的尼加拉瓜瀑布。那時我開車的經驗還很淺，從來沒有開出市區過。為了永義的光臨，我在內人指揮下，全家一起陪永義到尼加拉瓜瀑布玩，這是我開車最遠的紀錄。以後雖多次送朋友到那兒玩，始終沒有開到更遠的地方去。永義起碼去過尼加拉瓜瀑布三次。有一次是大雪紛飛的冬天，積雪不知有多深，路上幾乎不見車子行走。尼加拉瓜瀑布平時遊客如織，嚴格管制交通，很難找到距離瀑布很近的停車位。那一天，應該只有我們這一部車子，竟然可以停在瀑布旁邊的商店區內，當然沒有一間店鋪在營業。舉目所見，沒有葉子的大大小小的樹，枝與幹都被晶瑩透澈的冰給包裹了起來，景象應該媲美廣寒宮。永義嘆為觀止，一定也寫了文章發表感觸。還有一次我帶他去的時候，天氣晴朗，激起的水珠竟然在瀑布之上凝結成兩道色彩鮮明而顏色序列相反的彩虹。以前讀到彩虹有雌雄兩體，始終沒有看過，託永義之福，終於目睹雌雄彩虹並列的現象。

永義是酒党的党魁，招待喝酒是必然的事。喝酒需要下酒菜。多倫多的海產價格，和台灣相比，大大的便宜。其中有一樣石螺，賣時都是活的；內人一向用豆瓣醬加味連殼來炒，吃時從硬殼中把肉給挑了出來。永義說這樣料理太蹧蹋海味，應該用白水燙煮，吃其原味，或沾少量蔥薑食用。內人依照永義的建議用白水燙煮，果然是美味，從此我家就不再採用豆瓣醬炒石螺的方式了。

我不勝酒力，大三時就因只喝了一小杯啤酒而癱瘓在地，由朋友背回宿舍。幸好內人有一些酒量，每次永義來訪時，我陪著坐到十一、二點鐘就先去睡覺，由內人陪他們喝到天亮。當客人都去休息時，內人就先做好早餐才去休息。我真的很感動，也佩服內人的毅力。

永義來多倫多找我，除了冰天雪地造訪尼加拉瓜瀑布，至少還寫了兩篇紀實的小文章。一篇是皮爾卡登的筆。永義在我家寫字時，插在口袋上的名貴皮爾卡登牌子的原子筆竟然寫不出字來，內人耐心地用溫水浸泡，終能寫出字來，永義有所感發，就寫成文章。另一篇是安大略湖的夕照。多倫多座落在北美五大湖最東的安大略湖邊，綿延幾公里的湖邊都開闢成公園，雖在繁華的市區，卻是環境幽雅宜人而不吵鬧。永義說要去看湖，所以就陪了去。去的時候是午後三、四點鐘，走走停停，來到一處地點，有很長的防波堤，堤的內邊是白沙灘，有很多的海鷗走動覓食，一點也不懼怕人們的接近。這時太陽將完全隱沒入地平線，湖上呈現一片多彩的晚霞，突然一陣騷動，所有的海鷗都飛到防波堤上，很整齊地一字排開，不推擠，面對著太陽的方向，無聲地好像在恭送貴客的樣子。如此的自然，如此的壯觀，讓我們印象都非常深刻，現在我都還能記得當時的景況。

解除回國禁令

美國的主辦單位得到Wenner-Gren基金會的資助，在夏威夷召開商代文明研討會，邀請各地學者與會，台灣有兩位出席，中國則派來了胡厚宣、李學勤、裘錫圭、王貴民等十多名學者，我也被邀請，宣讀〈古代中國歷史分期的文字學的闡釋〉。這時，許倬雲教授也在夏威夷開會。我在大學的時候曾經向他請教過，我到國外定居時，他曾推薦我回台參加學術會議，但知道我因思想問題而被政府拒絕，不能回國的事實。許教授特地找我談，問我想不想回台灣看望親友，我當然回答非常期盼。於是許先生要我誠實回答他一個問題，問我是不是台獨，我回答絕不可能；許先生就說事情有望，他立刻寫了一封信給台灣的沈君山教授，要我自己也寫一封信，連他的信一起寄給沈先生，因為沈先生願意幫學者解除這方面的困境。於是我敘述自己來加拿大後的一些所為，認為自己並沒有做出危害國家利益的事，但如果政府有不一樣的想法，那就不讓我回去好了。

過了幾個月，我得到沈先生的回信，以及駐紐約領事館的電話，都說政府對我的誤會已經解除，歡迎我回國探望親友，但希望回台時，要事先把班機的編號告知領事館，以便回台時有所協助。

這裡我要順便談一談台灣在國安情報方面的不精密。在我接到台灣或紐約的信息兩天之前，有人給我打了一通電話，說（秘書長？）蔣彥士先生已批准讓我回台灣，但是警告我，台灣官方的話是不可以盡信的，我回台可能會有危險，請我三思。我斷然回答，台灣當局不會公然說謊，我也沒有幹過危害國家的事，更沒有號召力，政府沒有理由要誘騙我回去，對我有所不利。後來我碰到台大唸書時同寢室的室友潘明，他說電報是警總交給外交部發的，而發電報的就是他本人。到底哪個環節出了錯？訊息竟然早已外洩！

推廣朝鮮文化

大學東亞系劉在信教授兼有牧師身分，在多倫多的韓國僑界頗受尊敬，有一天找我談，希望能在博物館開闢一間韓國館，推動朝鮮文化的介紹。我提出兩個難點，一是暫時沒有韓國展覽館的預算，恐怕要募款；二是館藏的朝鮮文物太少，不足以建立永久性的展廳。劉教授答應想辦法解決這兩個難題。

劉教授首先組織一個團體，簡稱ＫＡＲＡＫＡ，意思是認識與欣賞韓國文化與美術的協會，找了一位退休的醫生當會長，提供活動經費，也找了一些有文化氣質的人為會員，開始在韓國的社區宣傳，以便找個適宜的時機募款。那一陣子本地的韓文報紙也經常刊登這個社團與遠東部門互動的消息，我也經常被刊登上報紙版面。社區的人就介紹一個韓國來的金秉模教授和我認識。

金秉模教授是漢陽大學考古人類學系的教授，韓國考古之父金元龍教授的學生，留學英國，在韓國的考古學界頗有聲望，也經常為政府辦事。他喜好冰上曲棍球運動，暑假帶領漢陽大學的冰球隊到多倫多來接受訓練。我向他提出兩個構想，一是兩年的輪迴展覽，介紹一般性的韓國習俗。一是永久性的展覽廳與收藏。他答應將我推薦給有關單位，完成我的心願，並約定回國後就立刻先為之進行。

夏天過後我就依約前往漢城（首爾），他首先安排《東亞日報》刊登我來訪南韓從事推廣韓國文化的消息。大概已與中央博物館取得聯繫，金教授就用學校的經費，派遣一個學生陪我到國立博物館所管轄下的各地區（光州、慶州）博物館參訪，為的是讓我對各地博物館收藏的韓國文物有整體的、比較清楚的了解。因為我想長期商借、供皇家安大略博物館長期展覽之用的文物，其中有不少在南韓也是很珍貴的，如鎏金的銅佛教造像、元明時期的釉裡紅瓷器等。他們希望我了解這些文物在韓國也不多，可能沒有辦法完全依從我的願望，長期借展那些文物。

參觀了幾個州的博物館而回到漢城（首爾）後，又安排我去政府的公報部。南韓公報部的職責我不清楚，好像是有關政府的宣傳工作。我用英文先與一位官員交談，解釋我要籌辦為期兩年的輪迴展覽的形式、內容與構想。這位官員大概向長官報告了，不久副部長出現，說願意全力襄助我的展覽計畫，問我需要多少經費，我回答不需要實質的經費，我要的是精緻的民俗工藝品；副部長說可以找活國寶（薪傳藝人）特地製作文物，這個答案比我預期的結果更為理想。不久之後，我們就收到空運來的文物，我們也依照約定，開始執行為期兩年的全國巡迴展覽計畫。

與政府的官員會談之後，金教授陪我到中央博物館見館長，商談後完成了兩項協議。第一是，中央博物館不久也要搬遷到新的館址，打算大大慶祝一番，計畫邀請國外幾個博物館送文物來參展。那段期間，皇家博物館遠東部正值修建新館址而全面閉館，重要的藏品都可以出借，肯定對中央博物館整體的展覽成果有加分作用。後來中央博物館的新館開幕時，我們就送去一批出展三個月的精品；護送與驗收文物時，我都各派遣兩位人員前往，讓他們在南韓停留兩個星期，有機會多見識見識。第二件是向中央博物館長期借展文物，議定我們的韓國館的開館展品由中央博物館提供，具有永久性的，呈現整個韓國文化系列的展品；然後每兩年更換部分的展品，預計以二十年的時間，我們可以逐步充實自己的韓國文物收藏，不再需要韓國博物館的支援。

完成了這兩項協議時已近吃晚飯的時間，金教授提議去慶祝一番，但館長別有約會，不能參加。吃過飯，金教授帶我到一家小酒館喝酒，這是我在韓國的初次經驗，也是我從來沒有過的經驗。這個小酒館只有一位女經理為客人服務，座位大概不超過十個，這家迷你酒館顯然是金教授經常光顧的地方，我們兩人到了之後，金教授就要經理不再接受其他客人，掛出客滿的告示。經理全程為我們兩人服務，一面飲酒，一面談話，金教授一下子用韓語，一下子用英語，氣氛很熱絡。朋友們都知道我的酒量非常有限，但是這一晚，實在是太高興了，我的酒量突然大增。打烊時，兩人的腳步都站不穩，我不知道金教授花了多少錢結帳，想來不少。他也不開自己的車子，分別叫了計程車回去。

許多人對韓國人的印象不太好，但我去韓國，或公務，或旅遊，不下七、八次之多，也許是我的運氣好，常得到別人的幫助，印象相當好。記下其中的幾個印象。首先感到婦女在家中地位比台灣的低。我夫婦去一位同學家作客，他的太太也是國外留學回來的大學教育工作者，但吃飯的時候，主婦只能端飯菜上桌，一直在旁服侍我們，雖經我一再敦促，我的同學始終不鬆口，沒有讓他的太太上桌來吃飯，讓我們吃起來很不自在。雖然我幼小的時候，家裡也是男人用餐完之後才輪到婦女上桌，不過等到我結婚的時候，就已改善成大家一起同桌吃飯了。然而當同學一家人陪我們夫婦到外頭旅遊時，我的印象是，大家就一起用餐了。

第二個印象是韓國人普遍敬老尊賢，非常有禮貌。記得漢陽大學的研究生帶領我到各州博物館觀看文物時，每隔一段時間他就不見了，後來一問原因，才知道他不敢在長者面前抽煙，所以要找個我看不到的地方抽。有一次在問路時，被問的路人竟然立正，恭敬地回答我們的問題，讓來自禮義之邦的我很感慚愧。後來回台灣，酒席間如有韓國來的學生，他們都側身飲酒，不敢和老師輩平等相待。

最得意的一件事，是我竟能帶領當地的教授去吃補身湯。去南韓之前，我讀過一本日本人寫的旅遊記，大大讚美南韓的補身湯味道如何的妙，好像不品嚐一番的話，就枉費到南韓一趟，所以我一定要品嚐看看。補身湯是南韓人烹飪狗肉的特殊方式，有如放了很多佐味料的火鍋，顧名思義，它對身體大有幫助。朋友告訴我，南韓人夏天才吃狗肉，不像中國人喜歡冬天進補。（東北的朝鮮族烹飪狗肉的方式和韓國人不同，不知何因。）

後來南韓的朋友都知道我喜歡吃這道佳餚，所以正式請我吃飯的時候，就盡量安排去賣補身湯的專門店，我也能辨識這樣菜餡使用的鍋子的形狀。

一九八八年我去韓國的時候，因為奧運會即將在漢城（首爾）舉行，南韓政府為了讓歐美人士不對南韓國民產生負面印象，不准餐館正正當當掛招牌，在大街上賣補身湯的料理，所以朋友見到我，就抱歉說沒有這道料理可以招待我；我答說不信，因為我明明看到有店舖放著烹煮補身湯的用具。我自告奮勇帶領他們前去，果然，雖然不掛出招牌，供應補身湯的生意照做，朋友不得不佩服我的眼光獨到。

認識古董商與文物愛好者

博物館的業務非常多樣，除了管理館藏的文物與從事研究之外，還得做很多的公關工作，以及籌畫有關文化與習俗的活動。公關工作包括職務上與私人的交接，兩者有時很難劃分界線。我們和文物的愛好者交往，一來是交換心得，二來可能有一天向他們取得某種援助。在我交往的中國人收藏家中，比較值得書寫的有二人。首先是來自香港的黎德先生，或為了要拓展海外的市場，或有意分散其財富，黎先生在博物館之旁的富人商圈開了一家門面不小的中國古董分店，並把一部分店面租給蘇富比拍賣公司當辦事處。此古董店販售比較高檔的商品，而我們博物館也經常購買文物，所以就相互拜訪，互動熟絡。那時我們部門接受一筆很大的捐款，指定要購買中國文物，黎先生也接受我們的請託，注意我們想要收藏的文物，有特殊的商品也往往先來探詢我們的意向。

我們博物館因為增建新館，大大超出預算，以致籌畫及展出的預算大受拖累，募款成為館方的重要任務之一。有鑑於此，黎先生願幫我們的忙，遊說一位富有的香港收藏家來捐款，早日讓我們的中國館有經費可以立即進行設計工作。黎先生約請香港來的徐展堂先生和我一起吃飯，徐先生說一口流利的國語，我們的交談完全沒有問題。席間，我解釋遠東部當時面臨的情況以及我想如何發展的未來計畫；徐先生聽完之後，滿口答應幫我完成心願，但說捐款的數目該有個限制，因為他已經答應捐獻一百萬英鎊給英國的維克特與阿柏博物館，所以第一年只能給我二十五萬加幣，而總額不要超過二百萬加幣。最先，我有點不相信自己的耳朵，他把二百萬加幣好像不當成一回事的樣子。後來一打聽，徐先生確實是香港的殷商，經營油漆、電纜等等事業，為中資集團的主席，而且捐助各地的博物館不遺餘力，譬如美國的芝加哥博物館、新加坡大學的博物館、江西景德鎮的陶瓷博物館等，數目都在美金百萬以上。

我非常高興，除了向同事們宣告此喜訊外，當然也寫了個簽呈給館長，以為立了一樁大功。誰知館長竟然莫名其妙地拒絕此無條件的捐款，說徐先生的捐款，不是賄賂就是勒索，是以錢賄賂，或用錢勒索我們早點開放中國館。此舉惱怒了徐先生，所以我們繼任的館長，後來費了好大的周章，徐先生才勉強捐了一百萬加幣。

第二位是京都念慈菴川貝枇杷膏的董事長謝兆邦先生，也是黎德先生介紹的。香港有兩個比較有名的文物收藏愛好者的組織，一是求知，一是雅集。謝先生是雅集的會員，收藏瓷器與書畫。他的廣東腔國語對我來說有一點解讀的困難，但還能交談。認識不久，他當上雅集的會長，我去香港拜訪他，他擺桌介紹我給其他的會員，還請容庚的學生——書法及古文字學家的馬國權先生作陪。我不知酒席的價錢，馬先生小聲地告訴我主人花了大錢，說主菜叫紫鮑，每一個才銅錢大，但卻要價五百港幣。一盤十二個共六千元，我和陪賓馬先生各吃二個，我初次感受到所謂的奢侈。謝先生純為好客，對我們並無所求。

一九八六年謝先生又來拜訪我們，當談到部門裡只有我有教課的經費，可以到處旅遊參觀外，其他成員就沒有這樣的經費時，謝先生當場說，讓我招待你們四個人到香港和台灣參觀博物館，全部經費由我負責。我們訂了日期，通知他機票的金額，立刻就收到支票。當我們抵達香港時，就有人來接待，開車送我們到徐展堂所經營的旅館，同時也送我們每人零用錢。在香港的全數費用是否由謝先生支付，我沒有過問。徐展堂先生也招待我們去會員性質的中國俱樂部吃飯，然後到中國銀行樓上的徐展堂藝術館參觀他的收藏。我們也到香港大會堂博物館參觀，同時接洽接受我們籌畫大型展覽的可能性。離開香港時，我托人把零用錢退還給謝先生。到了桃園機場，教育部派人來接機，走公務通道，把我們送到兄弟大飯店，謝先生又派台北辦事處的幹部致送每人五千台幣的零用金；這次應同事的要求，並沒有退還零用金，而是全數購買部門使用的圖書。在台北的參觀由教育部主導，去了三處地方，一是松山機場的文物展示，一是鴻禧美術館，一是歷史博物館；來台北的重點是歷史博物館，因為駐加拿大的國府官員拜託我做些促進兩國博物館交流的業務，我剛協助安排我們的館長來台北訪問，現在輪到自己帶團來。行前我們擬了個計畫，利用我館修建而休館的期間，把部門所藏的一些大型重要宗教文物送到國外去展示。歷史博物館當然很有意願跟我們交流，所以後來館長也率團來我館回拜，我也在歷史博物館的館刊寫了一篇介紹我們博物館的文章。但是，後來我因故辭去行政職務，接著又回國來教書，兩館的交流業務就沒有進一步的發展。

遠東部門的中國書畫收藏很貧弱，而謝先生有不錯的中國現代水墨畫的收藏，我私下希望他能借展或捐贈一些。有一次去拜訪他，表達去看他的收藏的意願，他答說可能需要另行安排，因為藏品大都放在保險庫裡頭。但在驅車前往他家的路上，他問我想看誰的畫作，我答說李可染的山水，他說到了再說。誰知一進家門，牆上就有好幾幅全張的李可染山水大作。謝先生有意要幫助我們，新館的展覽重新開放時，謝先生也對一個展櫃認捐加幣二十萬。我本來也想向謝先生募捐一些中國水墨畫，但隨著我離職回台灣執教，這條線好像也就此中斷了。

剪爛一卷錄音帶

在博物館工作，對外涉及的事務五花八門，有時為了向民眾介紹與推廣對文物的興趣，也舉辦各樣各樣與文物所在地區相關的文化活動；工藝、美術的項目自不用說，甚至於烹飪、電影也經常舉辦。為了籌畫這些項目有時也與外國使館有所聯繫，有時也接到請求，希望我們給予某種協助。有一次中國駐多倫多的領事館來個電話，他們知道我是台灣移民，必定認識不少台灣來的人士，說林麗蘊委員（好像是中央級的成員，來自台灣）帶了幾個人到加拿大來訪問，希望與台灣人對話，尤其是主張台獨的人士，問我能不能介紹願意交談的人。我抱着姑且一試的心情，打算向一位比較有往來的朋友詢問意願。吳姓的朋友來自花蓮後山，在一家生產電梯的公司服務，因對電梯的電腦控制性能做了重要的改進，公司特別給予入股的獎賞，經濟情況非常好。這邊傾向台獨的人士，大致有主張美式的民主主義、自由經濟與社會主義的計畫經濟等不同路子。吳姓友人屬社會主義這一派。

見面的地點設在我家，那時正值內人回台灣探望親屬，平時我沒有泡茶的機會，那晚就只能提供白開水而已。坐下之後，首先討論能不能錄音？結論是先錄音，討論完再決定存廢問題。吳姓友人單槍匹馬，舌戰三人兩、三小時，過程很是熱烈。會談終了時，林麗蘊決定不保留談話內容，於是我取出錄音帶，當場用剪刀剪到沒有辦法復原的程度。

事後，吳姓友人沒有知會我，就把辯論的過程一一寫出，並刊登了出來，讓我有點尷尬。吳姓友人記性超強，也有理想與文才，後來出版一本小說《後山日先照》，還被改編為電視劇。這次的對談，他是有備而來，對於自己的發言，老早就寫下了稿子，對於其他人的發言，也一一記在腦中，彷彿就是從錄音機簃錄下來似的。當晚的當事人一定認為我作假，暗中另錄了一卷，否則不可能把過程記得那麼詳實。

風水師

對於命相與風水這兩檔事，我本來和大多數受過高等教育的人士一樣，認為那是迷信，騙人的東西。出生的時辰哪能註定一個人一生的命運？住家或墳墓的風水哪能影響一個人的運勢？但是我卻碰到兩個人，改變了我對這種學問的看法。我現在相信，確實有人有特殊的能力，能看出某人的未來，甚至改變其命運。只是大多數的江湖郎中，沒有實力，常訛騙人賺錢而已。

身為多倫多華人書畫會的名譽顧問，認識了從中國遷來的移民家庭。駱拓先生的家族是馬來西亞華僑，而中國有名的水墨及西畫畫家徐悲鴻先生遊歷東南亞時，與駱家交往密切，常得駱家支助，所以中國建國後，徐悲鴻先生就認駱拓為義子，帶到中國受教育，跟自己學畫。文化大革命後，駱拓先生申請移民到加拿大。駱先生在陌生國度，別無其他謀生之道，就在家裡教畫謀生。因為他在加拿大名聲不響亮，來學畫的人不多，生活清苦。有一次在某佛堂禮拜時遇見香港來的新移民陳先生，改變了他的處境。

陳明先生大概是在香港回歸中國時候的移民潮，而移民到多倫多來的。他自有事業，但業餘替人看風水，很有些名聲。他知道駱先生的困境之後，就自動說要到駱先生的住處看看，說不定有可以效勞的地方。陳先生到了駱家，觀察一會後，就移動了一些東西的位置，說是以後沒什麼大的變化，但進出門檻的人會增多而已。果然從此學生的數量增多，進進出出的人就多了起來，使得原有的住家容納不了增多的學員，於搬了兩次家之後，乾脆就租了個商業區的一層樓，連學西畫的兒子也叫過來，一起專業教授起畫畫來。駱先生對於陳先生，可以說是感激至極，佩服異常。

那時我們正在籌募讓新館的展覽早日復啟的捐款活動。陳先生之前替人看風水的收費全數捐給弱勢團體，所以駱先生認為可以請陳先生從此把收費捐給博物館。我對風水本無信心，但不便拒絕人家這樣的好意，所以就同意了。

我在每個星期十五分鐘的系務會議中，告訴同仁們這個信息。史蒂芬女士在當副館長的任內對我相當照顧，目前退回原有部門，就說她的家有問題，請從她的家開始看起。所以我和陳先生約定在博物館先見個面，然後一起去史蒂芬女士的家看看。陳先生一進我的辦公室，就判斷有個死去的人正在干擾我的業務。不過，他說我經常會得到貴人的相助，最終不會有什麼大災難發生，所以也不用多為我操心。

我們一進史蒂芬女士的家，他就皺眉頭，口裡嘖嘖作聲，看起來很不滿意的樣子。然後打開了羅盤，屋裡到處走動，測量方位角度。一會兒之後要我當翻譯，說他可以斷言兩件事：一是，不管賺多少錢，一定有事讓史蒂芬女士把錢給花用光。二是，身體檢查都診斷沒有毛病，但史蒂芬女士整天老覺得不舒服。這兩點好像都說對了，史蒂芬就是老覺得身體不舒服。西方的醫學既然不起效用，只好試試借助東方的瑜珈、氣功、太極拳等種種方式，但也都沒有用。在聽了這段話之後，就急著問這是她個人的房子，不是先生的，會不會影響陳先生的判斷。陳先生就答說，不用再說下去了，如果我看不出妳已經離了婚，就枉被稱為風水師了；這個房子的問題太多，我沒有能力解決所有的問題，最好是立刻搬離。

但搬家談何容易！這位女士曾經是我的長官，第一任先生的職位本不低，但公司改了組，他的部門被裁掉，他也成為別人的手下，性情就開始異常，終於被醫生宣告精神異常而被史蒂芬女士訴請離婚。看風水的時候是第二次結婚，但不久又離婚。第三次結婚之後一個月，先生就生病住院而死在醫院裡。

陳先生看了好幾個我朋友的家，每次都讓我驚奇，怎麼判斷得那麼準確。現在只談我自己的事。我們博物館有專門負責募款的部門，但他們對於華人的社區比較不熟悉，所以我們的董事長特准我也可以募款。我募款的第一個大目標是徐展堂先生，他是香港非常成功的商人，喜好中國文物，不但捐了很多善款給好幾個國家的博物館，自己也在香港的中國銀行樓上開設公開展示的私人博物館。透過香港經營古董生意的黎德先生的介紹，吃了一次飯，徐展堂先生就答應我加幣二百萬元的捐款。我非常高興地給館長上了個公文，誰知得到的冷淡回應竟然是，徐先生的捐款要不是用錢賄賂，就是用錢勒索，要博物館早日開放中國館，所以不接受。這在博物館界是沒有聽聞過的事，徐先生還沒提任何捐贈的條件就被拒絕了，實在是匪夷所思。下一任館長雖然努力地向徐先生募款，徐先生不太樂意地只捐了一百萬元。

我和東亞系的同事劉在信教授合作，在韓國僑界尋求幫我們發展韓國文化的途徑。好不容易，以推廣與欣賞韓國文化協會為主體的韓國社區，希望跟館長見面，捐出五十萬元加幣，使韓國館的籌畫也可以立刻進行而得以早日開放。結果館長給我的回示竟是不見面、不接受。

多倫多市有個安大略省美術館，展覽的重點是歐洲的美術作品。華人書畫會很希望中國的美術作品也能夠在該館出現，爭取華人與其作品的地位提高。我藉著前往江蘇省訪問的機會，因為美術館也是省屬的機構，希望透過省政府的運作，能將南京博物院收藏的明、清畫作安排到美術館展出。如果有了首例，則華人作品的第二、第三次……的展出就比較容易些。結果我接到美術館館長的電話，說他答應接受南京博物院館藏品的展出，但我們的館長不答應出借研究員，所以不能展出。加拿大博物館界的慣例，每個展覽計畫都要有位研究員負責學術方面的問題，美術館沒有中國書畫的研究員，除非我們出借研究員給他們，否則展覽計畫就不能進行。不久前，因我們博物館的新館還來不及重新開放，所以就以埃及部門出借研究員給美術館的方式，把埃及圖坦卡門王的墓葬品轉移到美術館展出。所以，我們沒有理由不出借研究員給美術館。

在短期間內連續遭遇這三件不可思議的事件後，我不由得想起風水師的話，有個死去的人跟我的業務有干擾！會是誰呢？遠東部的第一任主任懷特（懷履光）主教去世後，他的學生斯頓夫人，號召一些有空閒、有文化的女士們，共同成立了一個懷特主教委員會，作為博物館的外圍組織，主要的目標是從事各種活動，募款來協助我們遠東部推展業務。這個組織的團員和我們部門的人員互動一向良好，歷任的主任都援例受邀，出席她們的幹部會議，館員每年都被邀請和她們聚餐，部門如有缺乏款項時也曾經向她們尋求援助。我沒有例外，也和此團體保持良好的友誼。

斯頓夫人一直是懷特主教委員會的主席，是個相當富有的寡婦，所說的話一向受到大家高度的尊重。有一天斯頓夫人前來找我談話。我們部門收藏的漢代到唐代的陶俑非常有名，達一千多件，頗多精品，她要我敦促負責研究這批材料的館員在限期內發表成果。我答說已經指派這個館員負責中國館復館展覽的事宜，不能夠分心做別的工作，這個要求須等待一段時間。這讓斯頓夫人非常不滿意，說如果我不能照她的意思去做，她就要另找人來取代我的位置，執行她的要求。以當時的狀況，我不可能讓步，中途改派別人去負責展覽的籌畫，所以並不在乎她將要怎麼做。

斯頓夫人就去見博物館的董事長，首先要收回我可以向華人社區募款的任務，說懷特主教委員會也要向華人募款。董事長竟然要我寫信給答應捐款的人說我不再有接受捐款的任務。接著，斯頓夫人與博物館商定，她拿出加幣三百萬元在我們部門設立兩個基金，分別為二百萬與一百萬元，用以聘雇研究人員，還特別指明，二百萬元基金的講座預定派任為遠東部的主管。我第一次被派任為主任的任期是三年，第二次則是無期限；看到人家已拿出了三百萬元來設立講座，何必等館長來免除我的主任職務呢，所以在還沒有聘到人才之前，就自動請辭已當了八年的主管職務，專心回到我的研究崗位。後來我又提早辦理退休，回台灣來教書，暑假到部門探望舊日同事，獲知斯頓夫人過世時，把財產全數捐給博物館，數目竟然將近加幣一億元，怪不得博物館當局很聽她的話。

斯頓夫人是懷特主教的學生。懷特主教和明義士先生都在中國從事宣教活動，但不同教派，都對中國古代的文物有興趣，收集不少文物，在中國都有相當的知名度。第二次世界大戰之後，兩人都卸下教會職務，不期而同在多倫多大學東亞系執教，可能因學問上的爭執，兩人相視如仇。我是明義士的兒子出資，聘請前來整理明義士的甲骨收藏，會不會是因這層關係，懷特主教才遷怒於我，使用冥力干擾我的業務，不讓我當主任，才有這一連串不可思議的事件發生？

接待皇室成員：英國女皇親訪博物館

安大略省博物館遠東部是加拿大收藏中國文物最豐富的單位，也是安大略省旅遊的重點，每年約有一百萬的訪客。身為部門的主任，經常要親自擔任展覽的導遊，尤其是政界的人物。印象比較深刻的有四位。

在我來到博物館工作的早期，比利時國王與皇后來加拿大訪問，除了參觀展廳，還特別聲明要到我們的辦公室來致意。對於這樣的請求，為了怕我們不懂得皇家禮儀，省政府特別派人來教導我們如何行禮、如何回應。那時新館擴建還未進行，我們辦公室很小，大家就在圖書館兼接待室的地方列隊歡迎；男的上身鞠躬就行了，女的就雙手拉裙角、右腳半曲後退。國王和我們一一握手寒暄，和藹可親的樣子。歷時雖短，對我而言，卻是第一次如此接近戲劇中才能看到的景象。

第二位是英國女皇。新博物館完工後，說是要獻給英國協的最高領袖，而伊莉莎白女皇也將親自來接受此榮耀。簽字接受的儀式將在新館一樓的遠東部展覽廳舉行，因此決定由館長和

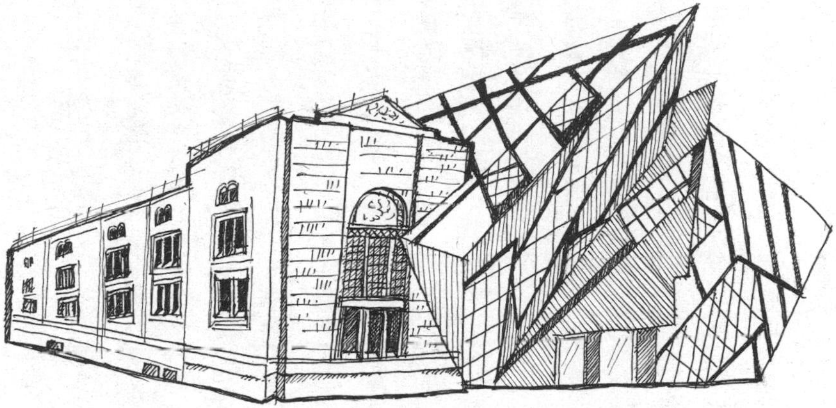

加拿大皇家安大略博物館

遠東部的主任分別接待女皇和夫婿菲力普親王。舉行儀式的那天早上，女皇、菲力普親王、館長和我四人在展廳的中央，上百位被邀請來的觀禮大眾站立在十幾公尺的圈外。簽完字後，女皇與館長對話，菲力普親王則前來找我寒暄。說了一些客套話後，菲力普親王忽然想起了什麼事似的，問我中國政府有沒有向博物館提出歸還文物的要求；我不懂外交的委婉，也沒有惡意，不假思索地回答：「沒有。我們的收藏都是透過正當管道獲得的。」我沒有想到這句話隱含著：大英博物館收藏的中國文物有些是以不正當的手段得來的，所以中國才向他們提出歸還的要求。我們的交談一時之間僵住了，一直到恭送他們離開，再也沒交談。

第三位是中國江蘇省的女省長顧秀蓮女士。由於兩省結為姐妹省，她來做公式的訪問，也安排參觀博物館，指定由我導覽。因為給我的時間不多，我很快的從青銅器時代跳到清代，而完成解說。顧省長竟然向我詰問為何介紹這麼短！幾乎所有的政治人物都知道這種導覽的安排只是點綴行程而已，不會嫌長，也不會嫌短，因為他們大半是不感興趣的。我答說只要給我時間，多長時間都沒有問題。當然負責安排行程的人回答說沒有多餘的時間，就結束了導覽。我順便向顧省長提出請求，我們的展廳是以中國四合院的結構設計的，如果能有一塊大的太湖石點綴庭院的一角，將會使展品大大的增光，希望江蘇省能贈送一塊給我們，作為兩省友誼的見證。顧省長當即一口答應。事隔不到二個月，博物館不預期地接到機場的通知，大石頭已經到達了。觀賞用的太湖石在中國是管制品，要有執照才能出口，不想一次短暫的導覽就得到我們一直想要的東西了。

第四位姑隱其名。有一天我接到台灣駐外單位的電話，希望我能夠為某位來訪的市長導覽。我早在約定的時間之前在門口恭迎，市長和隨員們一到，馬上說駐外單位的官員告訴他，我們遠東部展示的菩薩臉孔很像他，要我帶他去看看。我帶他到展示三幅元代大壁畫及十幾尊等身高的木雕佛教菩薩處，市長問我菩薩像不像他；我心裡有點不以為然，心想，應該說你像菩薩，怎能反說菩薩像你呢？就回答說不像，但又揶揄地說，側面看起來有點像，因為金代和元代的觀音菩薩都塑造成身材偉碩、臉龐微胖的形象，就肥胖這一項講，確實有共同點。結果市長就側面和觀音菩薩照了張相片，立刻告辭而去。我在博物館界從事三、四十年的生涯裡，從來沒有聽過有這樣不禮貌的訪客，難道浪費我的時間只是為了省幾張門票的費用嗎？

甲骨的漂流：代購甲骨

甲骨的身世有時候很坎坷，被賣來賣去，所以某片甲骨會在不同收藏家出版的早期甲骨拓本書出現，我在無意中也參與了一批甲骨的買賣。我們部門每個星期三下午有文物鑑定的免費服務，但不是有損古董業者的權益，所以我們只鑑定文物的真假與有關的訊息，但不寫鑑定書與估價。如果持有者希望知道文物的市場價值，我們就會讓他們自己去查我們部門圖書館所藏的富士比、克瑞司提等各種拍賣的目錄。這種服務是鼓勵民眾對文物的了解和喜愛，對我們自己也是一種增加閱歷的機會。

甲骨大半收藏於公家的機構，私人收藏或公開買賣的情況很少。有一天有位婦人拿了一盒十多片的甲骨來鑑定。我一看，都是真的，片子蠻大的，刻辭也很有可觀。我一查拓本出版物，發現是日本人的收藏，由郭沫若整理出版為《殷契粹篇》中的東西。進一步詢問之下，原來此婦女的父親是蘇聯的漢學家，到過中國訪問。郭沫若是有名的甲骨學者，也是文藝創作者，在新中國的政治體制裡也佔有很高的位置，將這盒甲骨送給這位蘇聯的訪客。至於郭沫若如何從日本收藏家獲得這些甲骨，就不得而知了。這位婦人新移民來加拿大，也將父親的遺物帶來了；因為是新移民，經濟情況不充裕，想出售這批文物。我以館藏的甲骨已夠充實，可以滿足各種展示的主題之用，所以不打算收購。但可以待機介紹給公家的機構，請她留下聯絡資訊。

我有個韓國籍的學妹梁東淑，來台灣大學中文研究所留學，回國後任教於韓國淑明女子大學，曾經來博物館拜訪過我，有一些聯繫。她希望我出席她籌辦的國際甲骨學研討會，而且還希望借給淑明女子大學一批甲骨實物，以便在研討會期間展示，用以增加會議的效果。我於是建議由大學買下這位蘇聯新移民的甲骨，作為永久性的收藏，那將是韓國第二個收藏甲骨的機構。她請示學校後告知接受建議，於是我就先墊款向這位婦人購買，開會的時候帶去。與會的教授們得知價格後都表示他們也有能力購買這批文物，我答說要不是公家的機構我也不會介紹，我本人何嘗沒有如此的能力呢！

回台灣，教書去

學長曾永義多次來多倫多看我，知道公務外，我沒有很多知心的朋友，雖然朋友們已經安排讓我每二年的暑假回台大中文系客座三個月，作特別的教學，畢竟那不是正規的課程，沒有延續性，沒有什麼大作用。因此建議我結束博物館的工作，專心回台灣教書，傳播甲骨學的種子。我之前因為封閉的中國館還未恢復展示，任務還未完成，所以離不開。好不容易中國館的新館終於開幕了，我的階段性任務算是完成了，可以走得開，正好這時台大中文系教文字學的黃沛榮教授來多倫多探望親人，也來博物館找我，勸我回系授課；我答應，如果他辦成了我就回去。過了幾個月，我突然接到曾永義學長的電話，告知國科會已批准我回校講課一年的申請，而學校很快就要開學了，要我趕快回來。於是我立刻向博物館申請一年的無薪假期，並將我的薪水用於僱用臨時人員在部門的圖書館工作，同時也訂機票，不到兩天就回到台灣來了，應了算命師給我的預示：五十五歲改變生涯。我要回到台灣來教書。

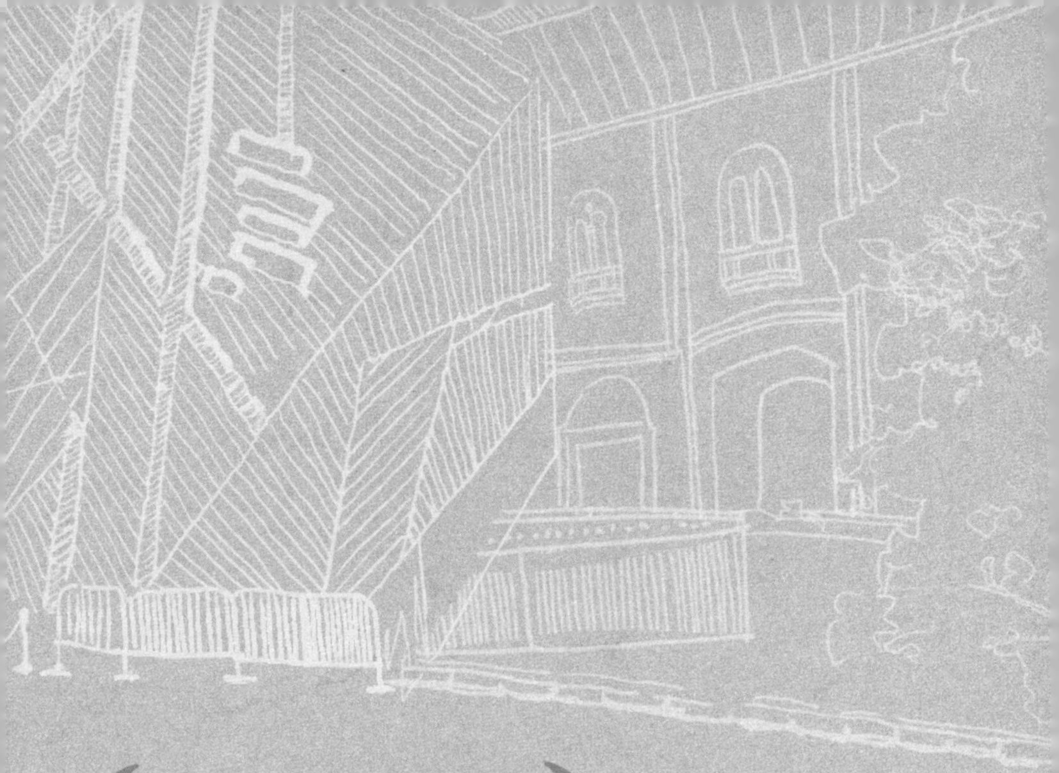

第五章

我要的理想生活

杏壇裡的報復

回台大中文系客座的任期只有一年，如果要留在系裡繼續教書，就要通過正常的聘任管道，即是系裡要有空缺，也要申請教職而與其他申請者競爭，經過教授們三分之二的投票通過，再報請學校批準。我回到台灣的目的是教授甲骨學，指導學生寫相關的論文，如果沒有學生有意願跟我學習這門學問，我就沒有必要留在台灣。所以在上甲骨學的課堂裡，我就向學生表達我的意向。

到了學年快結束時，碩士班的吳俊德同學向我表達他有意願請求我指導碩士論文，而系裡也正好有職位出缺，於是我決定向中文系申請專任的教職。我的申請得到系裡教授們的投票通過，我也就向博物館再申請無薪假期一年。依博物館的規定，員工最長只能申請二年的無薪假期，若超過這個長度就必須離職，但請假的日數也計算在年資之內，我打算到時候正式辦理退休，可以達到領受退休金的最低門檻。我決定全心全意回到台灣教書，應了我媽媽多年前在台灣替我算命的預言，五十五歲改變生涯。但回到台灣後卻沒有很多的作為，大概也因此不值得預示五十五歲以後的運命吧。

甲骨學是冷門的學科，學習的學生很少。文字學在中文系雖是必修課，但人才也是不多。台大中文系這兩門課的儲備人才都嚴重不足，所以才有張光裕教授與我輪流於暑假回來，安排三個月的特別課程，在徵才的時候也都把這些專長標作重點考量。就在我已是專任，於輪到我休假的那一年，還因師資的原因，停開二年級的必修課文字學。但是到了真正徵聘人員的時候，大家卻因私心，不考慮系裡極需儲備這種師資的需要。

吳俊德同學的碩士論文由我指導，他很好學，做學問很紮實。我在課堂講解我所發現的，以甲骨上的鑽鑿形態作為甲骨斷代的新標準（張光直教授稱許為甲骨斷代的第十一個標準），他向我表達想到我博物館檢驗甲骨實物的意願。暑假我就安排他去多倫多看我們館藏的甲骨一個星期，他一點也不想浪費能夠接觸文物的機會，連我建議週末開車載他去看著名的尼加瓜拉瀑布都被婉拒了，寧願在博物館裡多看一些文物。他的碩士論文《殷墟第三、四期甲骨斷代研究》，一九九七年由藝文印書館出版。大陸集體寫作的《甲骨學一百年》，論述以大陸地區的研究為主，非必要不提中國以外發表的論文，卻也提到了這本書的研究。他考上博士班後再度請求我指導其論文《甲骨第四期祭祀卜辭研究》，這本論文也很快被系裡的學術委員會推薦出版為文學院的文史叢刊（二〇〇三年），可見他的表現是受到師長們的肯定的。但是在申請系裡的教職時，卻遇到讓人氣憤的挫折，而且是因為我的關係。

有一年我被推選為系裡的學術委員，輪值當主席。某校的教授兩度檢舉本系的某教授抄襲對岸某人的文章，詰問何以不加以處理。抄襲對於一個教授來說，是非常嚴重的指控，系裡不能不處理，於是，要我當主席的召集學術委員開會討論，我不得已召開了會議，討論有無涉嫌抄襲之處。會前我接到某師長關切的電話，相信其他的成員也接到類似的電話。所以開會時，大家覺得雖然有類似抄襲之處，但可以用改寫文句及加上註解的辦法淡化之。對於某教授來說，這是非常寬厚的裁決與建議，哪知道該教授竟然單單怪罪起我這個召開會議的主席，開始散播我的是非，說我對學生非常嚴厲，有學生因之得了失眠症，非常痛苦。及到了我的學生吳俊德申請教職時，竟然串聯同事，把報復加在他的身上。

申請者的著作循例要外送三位公正人士的評審與評分，當屆有五、六人申請職位，外審評分的平均結果，高過八十分的有三人；吳俊德同學最高，接近九十分，第二名八十五分，第三名八十二。一般的情況，評分差那麼多，應該會選第一名，何況他的專長又是屬於系裡極度缺乏的文字學門！

在未投票之前，有位同仁特地來向我警告，說怎麼我都按兵不動，某教授已暗中串聯同仁，說我學生的不是，要做掉我的學生。及到投票日，有人起來發言，歪曲事實，說我學生要用高中的課本當教材來教大一的國文課，有人說我學生孤傲不合群。我舉手要辯解時，主持會議的系主任就說沒時間發言了，立刻就要投票表決。果然投票的結果，第二名入選，我的學生得不到三分之二的票，過不了入選的門檻。我非常的生氣，氣的不是我學生的落選，而是大家成群結黨，不顧學系長遠的目標。隔一年吳同學再次申請，也是在同樣的情況下不被錄取，所以我自己決定，退休後不到系裡兼課，也不參加系裡主辦的各種活動了。

失而復得

我在讀研究所的時候結婚，系主任臺靜農老師送我一幅字與一幅畫作為賀禮。我因為居處還不定，後來又忙於出國，沒有加以裱褙，到了國外方才發現把這兩幅字畫給掉失了，非常懊悔。

同學邵紅教授來加拿大找我的時候，幾次向她談及我的遺憾，她就說要代我再向臺老師請求補寫，我答說自己沒有妥善珍藏老師送給我的東西，哪有臉再向老師索求。心中一直很愧疚。

回到台灣大學來教書後，有一次系主任葉國良教授問我，我最希望得到什麼東西。我不加思索，答說希望找到臺老師送我的結婚禮物，一幅字與一幅畫。他竟然說要讓我的願望實現，我非常訝異。結果，他真的送來這兩幅字畫。

原來研究所畢業後，在等待應聘去加拿大工作之前，老師們安排我在系裡當助教，處理一些簡單的工作；我負責購買系裡需要的圖書，就把臺老師送我的字畫夾在眾書籍之間，在匆促辦理離校手續時，竟然把這兩幅字畫給忘了。繼任我職務的助教葉國良先生在整理我購買的書籍中，發現了這兩幅署名送給我夫婦的結婚禮物，就替我保存了下來。現在我既然回到學校來教書，他想物歸原主，所以有此一問。幸好我答說最希望找回臺老師的禮物，否則就尷尬了。

世新大學兼課

我回到母系教書，我的好友黃啟方教授卻提早退休，轉職到世新大學人文學院，創建中文系去了。在朋友的送別餐會上我痛哭了，好不容易捨棄加拿大的工作，回到台灣，期望能與朋友們時常會聚，但好友卻又要到另一個學校就職。雖然世新大學和台灣大學相距不遠，總不如在同一個系所裡的容易相見，故而傷心落淚。

我回台大的第一年是客座的身分，不能夠到其他的學校兼職。第二年改為專任後，就可以到其他學校兼職，所以黃啟方教授就邀請我到世新大學中文系兼課二個小時，教授二年級的文字學，於是我開始備課寫講義。後來台大中文系的黃沛榮教授輪休一年，請我代他教授文字學課。黃教授歸假後竟說文字學不是他的專長，要我繼續教下去，課程委員會也同意由我來教這門課。這樣一來，兩個學系上我文字學課的學生就多了起來，把講義出版大概也不會讓出版業者虧本，而且主持學海出版社的朋友李善馨先生也一再希望我有書讓他出版，因此就把列印的書稿影印由學海出版社出版，名之為《簡明中國文字學》，之後大概每二年就重新印刷較新的版本。我不取稿費，但也沒有給學海出版社版權。所以李善馨先生過世後我就把版權交給另一個出版社。

我教文字學與大部分教此課的教授們有異。我在大學時期就常對《說文解字》的解釋感到疑惑，隨著年歲的增長，知道《說文解字》所據以解說的字形，因為流傳時代久遠，字形常有訛變，所以解說得不清楚。如要真正了解一個字的創意，根據越早的字形就越適當，所以儘量依據商周時代的甲骨文或金文的字形來解說文字的創意。尤其是領悟到早期的文字創意多與古人的生活經驗有關，所以常根據我研究古代人的生活觀點去解釋，不太糾纏於古舊的說解，因此用「簡明」表達其旨意，有人說這是新文字學，有別於以往以《說文解字》為主要依據的舊文字學。

中國大概也有人讀到這本標明簡明的文字學，覺得還蠻新鮮的，所以當中華書局有意出版台灣的著作而派人來台時，也向我交涉，想出版繁體字版的中國文字學。我也順勢提出副帶條件，還要出版我的古文字學論文集。中華書局同意了，所以一年內兩書先後出版。文字學初版三千冊，不到兩年又加印二千冊，慶幸沒有讓書局因出版我的論文集而虧本。

喝咖啡結緣的好友

二〇〇六年我屆齡從台灣大學退休，就轉往世新大學中文系當專任教授。我的研究室在舍我樓十一樓，與日文系陳炳崑教授的研究室相鄰。陳教授是日文系創系的教授，教授日本近代文學等課程。我在多倫多大學攻讀哲學碩士時，也曾跟安東尼·雷門教授上過日本近代文學的課。我當時頗為勤奮，每周至少花四十小時，研讀指定的課業，準備給老師講兩個小時的讀書報告。日本文物也是我部門次於中國與印度的收藏，作為遠東部的主任，我對日本文物也有粗淺的認識，可以和陳教授有交談的話題。加以陳教授因健康的原因，每天都要喝一杯咖啡。我本來沒有喝咖啡的習慣，到世新大學專任之前那個暑假，我回多倫多探望妻兒與朋友，隨興買了一部咖啡機，就天天喝起咖啡來了。陳教授為人慷慨，知道我也喝咖啡，便邀請我到他的研究室，由他親手製作咖啡，一起邊喝咖啡邊聊天，竟然成為每天的例行公事。甚至我從世新大學退休，兼了幾堂課，也經常去拜訪他。他當天雖已喝過咖啡，也都會再跟我喝一次咖啡。

我們兩人不但天天一早到學校，連星期六也經常到學校看書，下班時就結伴走到捷運站再各自回家，或一起吃晚餐後才各自回家。陳教授平易近人，不但是本系的學生，外系選過課的同學也經常來研究室問聲好，生日的時候還有遠從南部上來慶祝的。他友善對待學生，請學生替他買中午的便當，也都順便付學生的便當費用。他在研究室裡設一個零錢箱，學生有需要時可以自由取用。我約好朋友吃飯時經常也約他，他與他的朋友吃飯時也常約我，我對日文系的教授與職員也大都認識和打招呼，幾乎可以算是半個日文系的人了。我與原是台大中文系畢業的曾永義、章景明、黃啟方三位教授有五十年的交情，雖然我與陳教授的交往不到十年，但交情之深度差可比擬，每次喝咖啡都會想到他。

不能破壞我的行情

有一次在酒宴中坐在世新大學通識課的主任趙慶河教授旁邊，談到我在皇家安大略博物館遠東部工作了三十年。趙教授就說我一定對古文物有些認識，我不否認知道一些。他說想開一個中國文物的通識課程，正在物色老師，想來我三十年的工作經驗應該可以勝任，問我可不可以去兼課？當時我沒有多想，就套用了一句「何樂而不為」，餐後就沒有把這答覆當作一回事了。想不到暑假將結束時，突然接到趙教授的電話，說課程已然通過，請問課程的名稱與教授的時段。我全無準備，手頭也沒有圖書與幻燈片。但又不好說酒席間的交談是玩笑話，只好硬著頭皮接下任務，趕快編寫教材。正好不久前我們博物館同仁合作寫了一本大型畫冊介紹館藏的珍品，我也把內容翻譯成中文，定期刊到多倫多本地的《明報》上，大致可以作為講課的主要內容，而且這本書也有現成的幻燈片，若再配些其他收藏的文物，大致也可應付了。

世新上這門課的學生有學傳播媒體的，很熟悉把圖片數位化，願意替我把圖片轉成圖檔，可以在電腦上編輯，也可以用錄放機投影到銀幕上，方便學生觀看。知道了這種方式以後，我也可以在電腦寫文章介紹文物，再把講義印發給學生，方便他們學習了。

我講授文物課的方法是以器物的類別分章節，再依年代做縱向的介紹，又選出精品，詳細說解。我往往講解一件文物的社會背景，也往往配合古文字與經典、考古、民俗等相關訊息，和一般的考古報告很不同。我後來也把文物課排到台大的通識課裡。台大上課的學生比世新的認真得多，早上十到十二點鐘的課，學生經常與我討論到一點多才得吃午飯。後來改為在所謂進修班的夜間部上課，選課的學生大多是在白天有工作的，其中有一位在石頭出版社上班的學生，向她的主編推薦我講課的內容有趣，值得出版。我於是先把一些講課的內容寫出來，請主編參考，斟酌是否值得出版。後來我和主編見了面，決定了版面的大小與格式，每篇字數的多少，總共寫幾篇等具體的內涵。但最後談到版稅時，主編說石頭出版社出版一律使用最精質量的彩色與紙張，版稅的行情是定價的八%，也願意發函到各機構取得引用圖版的使用權。我一時想不開，則說在臺灣商務印書館給我的版稅是十五%，我不能破壞自己的行情。一個很美好的計劃就此告吹了。

之後，我並沒有積極尋找出版這本書的意圖。直到有一天國家出版社的林洋慈先生向我徵求甲骨文的稿件，我手頭沒有立即可以提交的稿件，但想及這些談文物的稿件也接近初始計畫的一百四十篇了，可以趕工完成它。於是問林老闆願不願出版文物的書籍，我手頭有快完成的稿件。林社長的答覆是可以，而且還可以用最貴的銅版紙全色套印。二〇〇六年六月就出版了《中華古文物導覽》。這本書出版不久，中國人民大學出版社覺得我的寫作方式很新穎，和一般文物的介紹有不一樣的風格，所以向我接洽，打算出簡體字版，我於是請他與國家出版社談。國家出版社回答說要先付五千冊的版稅才交出書稿。想不到真的寄來版稅，同時請我多寫十篇以示和前者有所區別，並把書名改為《文物小講》。

胡適講座授課一年

我不知胡適講座創立的原委，只知被任命的至少是不錯的教授。我兩度與胡適講座有關係。第一度是研究所畢業後，留在系裡當助教，準備去加拿大的博物館整理其收藏的明義士甲骨。因我已經結婚，老師們照顧我，讓我多領一份薪水養家，所以兼作為胡適講座教授的助理。毛子水教授當年被任命為胡適講座教授，我的任務該是協助毛教授準備一些與教學有關的雜務，但是毛教授從來沒有給我任務。我的工作似乎是每個月拿印章去會計處領薪水而已。

我成為台大中文系的專職教授後，因為資格還淺，沒有宿舍可以住，暫時在外頭租房子。那時學校正好頒發講座教授的實施辦法，對取得講座教授者或許會有特殊的待遇。學長曾永義教授想到如果我取得這個名位，學校可能比較會幫我解決宿舍的問題，所以聯同幾個朋友來鼓勵我去拿表申請。基於朋友的情誼，我填了表送上去。因系裡只有我一個人申請，所以系主任就推薦到文學院。不知原因，文學院院長林耀福教授也推薦我到學校去。聽說在學校的校務會議上，參加會議的中文系某教授認為我剛來校服務，年資太淺，不宜被任命此重要的名位。既然有本系的教授反對，大家就順勢贊同其建議，連送外審查的機會都沒有。院長林耀福教授大概要補償我，就推薦我為胡適講座教授一年，可以多領幾十萬元的薪水。曾永義教授在之後得到學校的講座教授前也獲得胡適講座的任命（後來又得國家講座教授、中央研究院院士），但他把獎助全部捐出來，作為記念鄭騫因伯老師的獎學金。

經營部落格

大致是轉變為專任教授的第二年，幸運地分發到了宿舍，在溫州街巷的台灣學人宿舍。我住的是眷屬宿舍，其他教授們都是三房，只有我這一戶在車庫入口之旁，雖也有客廳、廚房、浴室，卻只有一個睡房而已。有眷屬的教授們都嫌它太小，不願選取，所以才讓我年資如此之淺的人輪到。

有一些教授組織了個每週二晚上吃飯的轉轉會食黨，大半的成員是台大哲學系的教授，也大都是我的好友，所以我也加入。我們在六點半會齊吃飯，然後轉到楊惠南教授的宿舍聊天，十點結束。成員中，賴永松、楊惠南都在網路上設置部落格。賴兄的網站叫一日一言；楊兄則有四個站，分別就新詩、哲學、佛學及時事發表文章。賴兄經常把短文作品影印發給大家，由會友念出來。而楊兄除寫文章外，也創作油畫，我們時常在客廳裡欣賞他的成品與未成品。

有一天我做了一個夢，夢到賴兄拿來一堆文稿要我幫他寫序，打算出版。其文稿圖文並茂，那是我把他的文章和楊兄的油畫的記憶給結合在一起了。我清楚地記憶夢中用甲骨文的強字去形容賴兄的散文及短詩簡短有力，因此就把夢境記載下來，貼到賴兄的網站上。不想引來好幾個回應，說中國文字很有趣，要我解答某些字。在我做了幾次回應後，有幾位網友建議我乾脆也開個有關中國文字學的網站，甚至熱心地幫我取名字，答應幫我設計版頁及教我建構網站的一些技術性問題。作為教授文字學的老師，我也希望更多的人會對中國文字的創意有興趣，因此就接受他們的好意，打算開始經營這個網站。

我本想給這個部落格取名為文字小講，因為我有一本講文物的書，簡體字版由大陸的書店發行，把書名改為《文物小講》。這個網站的文章我打算用同樣的手法來寫，所以想如此取名，誰知楊兄已為我的網站註冊為《殷墟書卷》，因為我研究殷墟的甲骨文。同時也把站主命名為殷墟劍客，還替我介紹，「一個右手持劍，左手捧著古文物，口啣甲骨文的遊子從加拿大楓樹林裡的博物館，歸來……台灣……」

楊兄在民國九十七年十一月十日把我的文章傳了上去，我也開始學習把文章上傳以及如何經營部落格的技巧。開始大致是一週寫一篇，因為楊兄也號召他的朋友來捧場留言，我得回應，因此進度緩慢下來，但也不超過兩個星期寫一篇。但是要如何把一個漢字用一千一百個字去介紹，常常要構思好多天。為了維持定期有新文字發表，就把以前寫的回憶散文，一段一段地插在中間，讓我有足夠的時間思考下一篇的寫作。

由於內人罹患失憶症，家中乏人照顧，我就回多倫多打算永久在加拿大長居下去了。最初還保持部落格的寫作，到了民國一〇一年，自己已沒有心力再持續寫下去，所以就任由部落格荒廢了。後來我不再適應加拿大的乾燥氣候，全身皮膚過敏，痛苦不已，以為換個環境就可以減輕困擾，所以就把內人帶回台灣來，便更為忙碌起來，根本沒有能力再寫部落格的文章了。有一天突然覺得，花了時間寫的文章，不出版太可惜，把它寄給臺灣商務印書館，試試能否被採用吧。想不到很快就被出版了，而且銷量還不錯，甚至要我簽名，安排與讀者見面等我從未有過的事。當時在部落格寫文章，就是希望多一些非中文系領域的人能讀到，書的出版讓我的願望更充實了。

愛玩電玩，所以不禁止孩子玩電動遊戲

大致是有了電子游戲我就開始玩它了。初始我玩一些動作性的遊戲，用以紓解工作與學業的壓力。我所玩的遊戲都屬於即時性的，可以隨時結束，不必儲存資料以待下次繼續玩。我兩個孩子都蠻內向的，很少到別人家，都是同學來我家玩的。他們都在地下室玩，不會干擾到我們的生活。我因為自己也玩電玩，不覺得它會太妨害修業的進度，所以也沒有禁止他們玩，但都跟他們約好，要知有所節制，不能影響到學校的學習進度。有時我也到地下室看他們玩，甚至加入戰局。我不能有雙重標準，自己玩電動遊戲卻禁止孩子們玩。還有，電玩已普及，學生們都在玩，如果不讓自己的孩子玩，他們和朋友們可能會因缺少交談的話題而生隔閡，會造成孩子成長過程的遺憾。

大兒子的朋友中有位是電腦天才，無師自通，常被電台邀請去講解有關電腦的程式問題。孩子的朋友每個星期至少來我家玩兩、三次。這個朋友很喜歡破解設在遊戲上，防止複製的密碼。那時我買了一套很昂貴的中文處理軟件，書寫的文本可以儲存，但是需要透過一個所謂鍵

（key）的裝置才能進行儲存的動作，文字的寫作如果不能儲存就沒有意義了，因此需要購買這個鍵。我有意試試這位同學的能力，就說如果他能破解這個鍵的密碼，即可以不用鍵而儲存文件時，獎賞他一百元加幣。我心想，就算能破解，起碼也要花上幾個小時才能做到，想不到他用我的電腦只花五分鐘就破解了。我看到他到電腦某個區域都是四個數碼排列的地方，修改了其中幾組的號碼，真的以後都不再需要那個鍵了。我依約定給他一百元，但是我把這個程式賣給幾個要使用這套軟件的人，反而賺了一些錢。

有一次這位蘇聯種族的同學拿了個遊戲，說是讓我玩看看是否喜歡。我以姑且一試的心情去玩，想不到我就迷上了，從此就一直玩這類的遊戲。這位同學給我玩的是屬於角色扮演的遊戲，基本上是一個人或一群人，通過各種磨練，最後完成任務。因為歷錬很多種，要通過種種的關卡，所以遊戲的時間很長，要把過程給儲存下來，下次再繼續玩。我原先就是不想花長時間玩一個遊戲，所以都不玩這類的遊戲，不想從此就迷上了角色扮演的遊戲。這位同學見我喜愛這種遊戲，把買來的遊戲還未拆封就借給我先玩，我覺得不好意思，就給他一部分錢分攤費用。從此各種各樣的機種都買來玩，我在多倫多大學的學生有時也借給我遊戲玩。

所有的遊戲都要花費時間，所以很多家長不讓他們的孩子玩電子遊戲，生怕妨害他們的學業。其實，適度的玩遊戲未嘗沒有好處，尤其是角色扮演的遊戲。玩角色扮演遊戲一定要有耐心，訓練扮演的角色的體能或魔力。對於每一道關卡，還要思考有何必要的工具，到何處取得，如何取得，養成細心觀察的細性。說不定我的一些學術發現也有得力於電子遊戲的地方。

來到台灣大學教書，我就去探尋有無玩電子遊戲的學生社團，發現有電玩社，我就交會費成為一般會員。電玩社的社址原先在第一學生活動中心，後來遷移到校外的第二活動中心。我偶爾到社團與學生們交換心得或請教訊息，更重要的是，有些動作角色扮演的遊戲仍需要相當程度的打鬥技巧，如果過不了關卡，我就請社友替我打一打，讓我可以進入下一道關卡。學校的學生社團都需要有個老師掛名指導，我參加電玩社的第一年，有社友成績不理想，被學校退學了，指導老師可能覺得顏面有損，就不願再當電玩社的指導老師，所以社長就來找我，希望我掛名為指導老師。我義不容辭，而且也可以省去會費呢，所以就答應了。

想不到當指導老師的第一年，就有兩位女學員考上研究所，一個考上中文研究所，一個考上歷史研究所；可見玩電玩也可以不影響學業的。我一直當指導老師到退休為止。社團可以邀請校外人士前來演講，學校會補助經費，我很想替電玩社爭取一些補助，不止掛個名而已，幾次請社長邀請專家來社裡演講有關電玩製作的問題，但社員們的主要志趣是玩遊戲而不是設計遊戲，所以社長始終不熱心於演講事，半場也沒有舉辦過。我朋友沈毅的兒子沈芃岳，中興大學中文系畢業的，也對電玩很有心得，與我結成忘年之交，很感激他經常提供我新遊戲，省了我不少花費。

說起電玩，還有一段有趣的故事。有一次我到台大附近的電玩店選購遊戲，有個八、九歲的男童，大概也是常客，知道我常去，也知道我是為自己購買遊戲的，他走到我面前，很正經的問我是否可以接受一個禮物？我當然回答可以啊，是什麼禮物呢？他遞給我一張比較罕見的《遊戲王》的卡片。《遊戲王》是種卡片式的遊戲，需要記憶超過千張卡片的各個能力，那不是我喜歡玩的遊戲種類，所以我轉送給我的小兒子，並建議把這款遊戲的動漫影片推薦給他服務的電台。

小兒子對於玩具、電玩與動漫都很有興趣，家裡的地下室、客廳、他的房間都堆滿了他的收藏品。加拿大有個電視台叫Youth TV，以中、小學生為播映的對象。兒子在該電視台的市場研究部門上班，但因為小兒子對於玩具、電玩和動漫都有非常豐富的知識，所以公司也借重他在這方面的知識，也常被諮詢，代表電視台回應觀眾所提的問題。電視台本來只打算一星期播出一集《遊戲王》的節目，想不到觀眾的反應異常熱烈，所以就改為每日都播出。後來小兒子也籌劃全球性的鋼珠鐵人的比賽，也計畫舉辦《遊戲王》卡片遊戲的比賽。

說起我對電玩的喜好與熱忱，可以用一個例子以見一端。我喜歡看日本《海賊王》（*One Piece*）的漫畫和動漫，後來改為《航海王》，寫一個小孩子嚮往海上冒險的故事，已連載二十年以上，非常受各國的歡迎，周邊商品也很多。根據這個漫畫的電玩有幾個，我玩過其中一個，不覺得很有趣，後來看到有一款免費的遊戲叫one piece treasure cruise，也不怎麼在意。有一次暑假回加拿大探望兩個兒子，小兒子說他正在玩這款遊戲，很有趣，其中有要與朋友一起玩的方式，可以得到特別的獎賞與道具，他沒有別人可一起玩，所以要我下載跟他玩。我有兩個iPad，所以就玩兩個帳戶，可以自己跟自己，也可以分別和小兒子玩。回到台灣，系裡的助教徐小綠也玩這款遊戲的日文版，她教我如何設定多個國度的帳號。我就分別在兩部iPad上安裝了兩個英文版、兩個日文版，以及一個中文版的帳戶。因為中文版要從Line裡下載（中文名為秘航尋寶），我只有一個電話號碼，所以只能使用一個帳戶。每個星期我就去系辦公室一次，與助教玩朋友的遊戲，大概只要幾分鐘的時間而已。

我很著迷於這款遊戲，除了因為我是《海賊王》漫畫迷，這個遊戲裡的每一個角色都認識外，最重要的是這個遊戲有如其漫畫，極盡想像力，每個角色的能力都有不同，分成五種型態，相互剋制。有些角色可以增強全體成員的體能，有些則只增加某類型的角色。有些可以增強攻擊力，或防禦力，或設陷阱；連乘船也有各種功能。每道關卡各有特色，玩家就得針對關卡的條件選擇船員。玩這個遊戲需有相當的腦力外，最重要需要耐性，每個船員都要從低等訓練起，還要等候及尋求升格的物件。每道關卡也都有等級，養成了足夠的能力，再攻取次級的關卡。這個遊戲也可以量力選擇主要的進度，也可以嘗試很多副線，取得特殊的戰利品或某種能力。這遊戲是免費的，但可以購買道具，讓玩起來進度加快，到目前為止我沒有花過半毛錢購買道具。玩每道關卡都需要相當量的精血，但可以用彩虹果實補充。如果每日持續玩的話就可以得到一顆果實，持續多少天的話還可以得到不同的獎勵。所以我每天例行的工作，一早起來就先進入兩個日文版與中文版帳號的遊戲，吃了早餐後要不要玩再看情況，晚上八點鐘以後也先進入兩個英文版帳號的遊戲。自從玩這個遊戲後，我就把其他的遊戲暫時擱置起來，看樣子再一、二年也還沒有機會玩那些遊戲了。

酒党第一副党魁

我在台大求學的時候就因喝了一杯啤酒而醉倒，被一個同學背回宿舍，並勞動多位室友燒開水，買成藥為我解醉。我以為自己不善飲，也始終不敢飲酒。到了加拿大，有應酬也始終淺酌，做做樣子而已，然而回到台灣後，卻被封為酒党的第一副党魁。不知者還以為我酒量甚佳，才博得這樣的稱號，其實別有原因。

我在台大中文系讀書時有三個最要好的朋友，高我一班的曾永義，同班的章景明與黃啟方，他們三人都頗有酒量。研究所畢業後我到加拿大多倫多的皇家安大略博物館工作，他們三人則在大學任教職，有了收入，在餐廳聚餐的次數就漸漸多了起來，席間免不了要飲酒助興。開始時三人戲稱他們的聚餐為酒党，他們三人都是三十年次的，但曾永義月份最早，所以就當上党魁，章景明其次，就當為第一副党魁，黃啟方最年輕，所以是第二副党魁，後來一起喝酒的人越來越多，也都以曾永義教授為老大，承認其党魁的地位，他也開始封官賞爵起來。

酒党講求的是人間愉快，不爭權奪利，所以党名取尚人的党字，而不是尚黑的黨。党魁大哥曾永義教授是兩位小弟所敬佩的，所以也認定其党魁的位置是終生職，不必改選，也專掌獎懲的給與，任命不但有中央常務委員，中央委員等職。後來還比照帝王封建，開始有長公主、小公主、各省總督、將軍等等的封賞了。我人在加拿大，所以初受封賞為北美總代表。回到台灣教書定居，不便再當北美代表了，於是章景明與啟方二人自動請調職，由我當第一副党魁，他們降一等，分別為第二、第三副党魁。

我們的老師張清徽教授晚年食慾不振，我們當學生的就組織了餐會來勸老師進食，每星期三中午學生們就從各地來到學校第一學生活動中心的餐廳跟張老師和王叔珉老師用餐，因是在星期三中午聚餐的，就戲稱為三中全會。後來老師相繼過世，以曾永義為首的一部分人員就移師到金山南路與信義路交界的寧福樓聚餐，加入一些非台大中文系的人員，時間也改到星期四中午，因此也改稱為四中全會了。

聚餐飲酒是為了交歡結好，愉悅心情，自被任命為副党魁，我也玩笑地創了個馬門，說得俗一點，就是拍馬屁的門派。我指派與會的沈毅當祖師爺（總統府的參議），但只當馬門的門面，詮釋權握在我這個掌門人手上。有幾個朋友就戲稱我為師父，也要學我拍馬屁的學問。大弟子是學音樂的施德玉教授，二弟子是台大的郭守成教官，第三弟子是台大中文系的周學武教授，關門弟子是學戲劇的張育華博士。馬門的宗旨是只拍党魁一人的馬屁，但不是沒有技巧的亂拍。第一，我們認定党魁很笨（雖然党魁學問淵博，有博士學位，當國家講座教授，後來還被選為中央研究院的院士），聽不懂隱約的、委婉的奉承，所以要當面拍，術語是當頭套。要直接的拍，不要拐彎抹角或由他人轉告，術語叫隔牆跳。第二，党魁的皮膚很厚（暗指臉皮厚），不用尖銳的東西刺不會有感覺，所以要說帶有刺的奉承話，讓党魁聽起來，好像有點諷刺的味道，但又不便因此生氣。

四中全會聚餐的席位是固定的，党魁坐主位。有一次党魁去金門講學，党員就哄我去坐党魁的席位，並歡呼新党魁萬歲，叫到第二次的時候，曾永義竟然從金門打我的手機，詰問我誰坐上党魁的位置。我惶恐，馬上告罪退回我的席位，讓党魁的位置空著，後來我就戲稱我的屁股為之痛了三個月。後來我門牙斷了兩顆，就說是又坐上党魁位置的結果，聲稱自己沒有當党魁的命，從此要安分守己當副党魁，不敢妄想這個位子了。

我馬門在酒党裡的勢力龐大。有一次我們爬山團到陽明山擎天岡走路散步，看到擎天岡的草皮都是一樣的高度。党魁說這種草只能長這麼高而已，我則說是牛群吃出來的現象。他說哪有牛群排成隊列吃草的，所以一定是草的本質如此。我們已詢問了管理員，知道是牛啃出來的結果，党魁不加理會，硬說要投票表決，意在試試党員們的忠誠度。不想舉手的結果是七比二，只有一人挺党魁而已。

酒党宴席，免不了要飲酒作樂。

北京行

回到台灣後，我的工作目標已轉移到教學，願望是多訓練幾個主修中國文字學的學生，所以論文只發表了幾篇而已。我不想於上課期間請假去參加，尤其是遠途的學術活動，而且暑假我都得回多倫多探望家人，所以就很少參加國內外的學術討論會。再次從世新大學退休後，因為內人有病疾需要照顧，本來計劃回加拿大定居後，就不再回來台灣定居。想不到或是因為有了年紀，竟然不再適應加拿大的乾燥氣候，皮膚過敏，癢得無法安眠。治療了一年半也不見起色，只好再度回到台灣來，以為可以適應此地的氣候了。誰知看了一年多的中醫與西醫也還未能痊癒，後來就診於一位西醫，改用內服的方式，想不到竟然奇蹟似地解決了困擾，不再癢痛難安，連皮膚也恢復了光澤。

內人不幸罹患失憶症，不能自理自己的日常生活，而兩個兒子又都得上班，分不出身來照顧她，所以我也把她帶到台灣來，想要獨力照顧她。後來演變得我根本無法照顧她的生活，只好把她委託給專業的養護所，這樣，我不必二十四小時守在內人的身旁，可以做點自己的事。

後來意外得到北京的魯迅基金會邀請，到北京參加魯迅學術論壇，主題是文字與文化，正是我擅長的研究課題，所以就欣然接受邀請了，再次到遠地從事學術活動。

本來只打算從事論壇的活動後立刻回台，一看行程的安排，第一天在政協的禮堂，第二天移到清華大學的藝術學院，我也沒有演講的任務。當主辦單位問我有無個人的事務需要他們協助的，我就說想順便拜訪清華大學的李學勤教授。辦事人就說：「喔，你認識李學勤教授啊，我們請不動他，能不能請你代我們邀請他來說幾分鐘的話？」我只得回答說試試看。當我打電話給李學勤教授，說明原委時，他回答說當天將帶領清華竹簡研究中心的成員在山東青島辦活動，轉而請求我在北京多留一天，他可以在早上搭飛機趕回來，邀請我下午在清華竹簡研究中心演講。我就不好意思拒絕，因而決定多留二天，順便見些二十年不見的老朋友。

睽違十八年之後（二〇一四年），搭乘華航直飛北京，走出機場出口時，魯迅論壇的兩位接待人員已在等候，用自家車送到旅館，稍為交待後，就與其他辦事人員到附近的餐廳用晚餐，然後接待人雷挺早已約了一位出版社的人來旅館跟我接洽，是否有可能出版我以及我服務的加拿大部門出版物。談論後決定第二天再談。

這個旅館座落在加拿大與奧地利兩個大使館的附近，所以取名為加奧藝術飯店，之所以冠上藝術之名，原來這個旅館也兼藝術畫廊的業務。有個很具規模的展覽場所，展出書畫、雕塑的藝術作品，每樓的走道也陳列作品，讓有意者挑選。在我想像中，中國的經濟大為發展，大城市裡的高樓大廈比比皆是。這個地區，我於一九七五年到中國時也來過加拿大大使館，似乎大樓也沒有增加多少，也許這不是個商業區吧，我這麼想。

第二天一早用完豐富的自助早餐後，到藝廊欣賞展出的作品，因為很冷，只稍為在街上走走，來前聽說北京的灰霾很嚴重，常不見天日。大概是我的幸運，天氣晴朗，不見有人戴口罩。回到飯店，這次論壇會的主人——魯迅的孫子周令飛先生來跟我們用午餐，然後一同前往開會的地點，政協大會堂的禮堂。進去的人都要接受金屬檢測器的檢驗，沒有請帖的也不讓進入。魯迅基金會好像在中國辦了十幾個私立中小學，各校的校長也來北京開會，演講節目前先有頒獎的活動，介紹基金會的一些願景等。這次受邀來演講的有六位，只有我來自國外，講演主題為有關中國文字與文化的內容，長度二十分鐘。我的講題是「反映生活經驗的古文字」，這個演講會請來中央電視台的主播當主持人，想見主辦單位很重視此次的論壇。晚宴時，魯迅基金會的顧問律師問我能否送他一本書，我就送他一本《文字小講》，想來他對演講的部分內容感到興趣。

第二天的行程設在清華大學的藝術學院，為了配合論壇會的舉辦，藝術學院特別舉辦與中國文字有關的展覽。一是藝術學院五位博士後學員的書法聯展，一是台灣神通電腦造字的特別展覽。我已沒有論壇會的行程，本可以不參加，但想到主辦單位花了大錢老遠請我來，不好意思不參加，而已可以增加一點見識，所以也全程參與。

因為李學勤教授希望我多停留一些時間，所以我決定多停留二天，一天到清華大學，一天到首都師範大學的甲骨學研究中心。這兩個地點距離加奧藝術飯店頗遠，所以我就拜託我的學生趙容俊教授幫我訂旅館，安排到演講地點的接送等事。趙容俊是韓國來台灣大學讀研究所的學生，找我指導他的碩士論文，畢業後我推薦他到清華大學跟李學勤教授攻讀博士學位，畢業後也找到中國人民大學歷史系的教職。他對清華大學的環境很熟悉，替我訂了清華會館的房間，一天費用五百元，設備比之加奧藝術飯店差很多，但這是我要自己付費的，所以不能太挑剔。

隔天，王宇信教授夫婦來訪。王宇信是胡厚宣的學生，很早就認識了，也曾經在國外和台灣見過面、吃過飯，老朋友見面非常歡愉，最意外的是他大談甲骨的斷代問題。王教授的專長是寫甲骨學的通論，他與宋鎮豪主編集體創作的《甲骨學一百年》，是學界必參考的著作，也是我教授甲骨學的重要參考書。甲骨學的斷代，長久以來，學界存在著論爭，有所謂的王族卜辭，董作賓學派的學者，包括我，認為是文武丁時代第四期的。但大陸的學者都認為是第一期武丁時代前後的，又有所謂歷組卜辭，董作賓學派認為是第四期的，而大陸以李學勤為首的學者主張也是第一期前後的，但有些人不贊同，認為也是第四期的。王宇信教授一向是偏向李學勤教授的看法，但是這一次，竟然極力反對李教授的看法，說李教授的兩系說破產了，並送我一本此論點的新著。

我的博士論文是在卜辭之外，利用甲骨背面，為了讓兆紋容易顯現，挖有所謂鑽鑿的窄長形窪洞。我從鑽鑿的形態論證，王族卜辭和歷組卜辭的時代都是第四期的，之前科學發掘的小屯南地的甲骨的地層已顯示我的論點，但大家還不肯相信。後來在小屯村的村中與村南的發掘，回應我的觀點更為明確，所以王宇信教授不得不改變以前的看法，相信新證據。這讓我很吃驚，因為現在年紀大了，想要享受老年生活的樂趣，比較沒有參考新近的出版品了，想不到我的論點再次被證實。可能就是這個原因，我再度被邀請到北京開會。我們吃午飯後又回到旅館談話，直到趙容俊同學 帶妻小來引導我去清華竹簡中心時，宇信兄嫂才告辭回去。另外兩位歷史所的朋友，齊文心教授與王貴民教授，也是我很想見的，但因路途太遠，行動不便，只能通過電話寒暄幾句，期待下次再見。

到了竹簡中心，匆忙看了櫃子裡的竹簡後就去研討室，裡頭已有十幾位研究員等待着。後來我發現，他們竟然與李學勤教授當天從青島趕回來聽我演講，聽完後又將飛去青島辦事的，讓我感受到李學勤教授對我的禮遇。李教授親自主持演講會，我演講的主題是我研究甲骨的歷程與經驗。演講完後李教授就說旅途勞累，不能參加晚宴，由司機先送回家。

晚宴碰到一位北京大學城鄉所的唐教授，他說二十幾年前到博物館拜訪過我，我還為他們的刊物寫過一篇文章。初始我很納悶，我怎麼會寫起城鄉所有關的文章呢，會不會認錯人了呢？他就提及一幅地圖，我才想起我確實為他們的刊物介紹一幅清代北京城的警衛佈置圖。他是竹簡中心沈建華教授的夫婿，所以知道我的來訪，前來一敘舊日記憶。沈建華教授也研究甲骨文，幫助香港的饒宗頤教授編輯一些甲骨的索引。我和她的父親，上海博物館館長沈之瑜教授也有一面之緣，我送給沈館長的書她也讀過，所以有很多談話的話題。

次日，首都師範大學的人來旅館接我去學校。黃天樹教授是裘錫圭教授的學生，他剛畢業的時候就見過面，也領受他的博士論文本，他也到過我服務的博物館檢驗我們收藏的甲骨。他先領我到每一個研究室看學生們的作業，然後我才給演講，演講中我提議下午我還有時間可以與有興趣的人交換意見。有可能我沒有說清楚下午的活動是不用給我酬謝的，結果不喝咖啡的黃教授，於午餐後拉我去喝咖啡，一直聊到搭飛機的時間才回到研究中心，拿了行李就坐車去飛機場了。

認識北京的學者

從北京回來後不久，接到北京故宮博物院韋心瀅博士的電話，說故宮博物院要整理館藏，原為加拿大的明義士收藏的二萬多片甲骨，想要邀請我參加籌備的座談會，提供旅行所需的所有費用。我回答我沒有什麼特別的技術可以奉獻給他們參考的，而且費用那麼多。韋博士說整理甲骨涉及甲骨的斷代問題，想借重我的學術經歷抗衡可能提出的不同斷代意見。讓我憶起不久之前與王宇信教授的談話，把王族卜辭與歷組卜辭斷代為第一期在中國是佔主流的意見。因為新近小屯村中、村南的發掘，令王宇信教授改變看法，贊同我的研究結論，難道故宮博物院的研究團隊也如此想法，怕有力的人士強調舊有的說法呢？所以就同意前往，等待日期的確定。

韋博士來自高雄，於中央大學的碩士畢業後，前往北京大學考古研究所攻讀博士學位，畢業之後進故宮博物院服務，整理明義士舊藏的工作應為主力。大概有些顧慮，所以懇求我的協助。農曆新年期間我回高雄故鄉過年，她也回來過年，所以就約我在高雄見面，交給我相關的資訊以及正式的邀請書。還說，如果只是參加座談會，不便報請太高的經費，如果我也答應演講、評論，就比較容易申請足夠的經費，我也答應了。由我先在台灣代墊購買機票，到北京時還給我。

韋博士親來北京機場接機，然後僱輛計程車開到故宮博物院附近的旅館，已有三人在那裡等候，事先還訂了菜，因為飛機延誤，早已過了營業時間。立刻也還我機票錢及辦理房間的登記。他們四人竟然當晚也住在旅館，打算一早就到會場準備事宜。

次日四月一日，早上在故宮博物院內開甲骨座談會，院長有要務，等會才能來，所以先由所長鄭欣淼主持，輪由主辦單位的人員講述院藏明義士甲骨的來源，如何接受出版的任務，打算如果整理出版，格式如何。然後依學術倫理一一做約五分鐘的回應。劉一曼教授先發言，接著李學勤教授一定不肯在我之前說話，推辭一會，我只好發言，然後李學勤教授、朱鳳翰、宋鎮豪、黃天樹、劉釗、沈建華、唐繼跟等教授依序發言，都是學界的資深人士，發言的重點就在甲骨的斷代。劉一曼、朱鳳翰強調地層與五期分法。李學勤說用書體分組宜寬不宜窄，黃天樹也說他們依書體的分組不夠周密，需要再思考。單院長最後總結說，本來想避免斷代分期的紛擾，依登記號編列，朱鳳翰就插嘴說，審查時他就不讓通過，所以單院長就說要分期編排。恐怕出版時不會依之前佔優勢的，把王族卜辭與歷組卜辭都放到第一期去了吧。

故宮博物院為了整理明義士的藏品，成立文獻研究所來負責此任務，邀請學者來演講也是業務之一。所以我受邀下午二時在故宮博物院第二會議室做第一次的學術演講，我以為主要對象是故宮博物院整理甲骨的成員，所以講題訂為「整理甲骨的一些經驗談」，由北大歷史系的朱鳳翰教授主持和講評，不想除故宮的人外，其餘都是北大歷史系的同學，不少於十人，不知道是來捧場或真有興趣。講話一個鐘頭，發問一個鐘頭，主要針對我的兩個研究專題，鑽鑿型態斷代和周祭。

第二天本來還安排一場由方輝教授講述明義士先去的行誼，由我來講評。因為方輝教授有事走不開，不能從山東趕來，我在故宮博物院就沒有事了，所以就改為探望老友，已退休的社科院歷史所的王貴民與齊文心教授。事先已聯絡在中國美術館會齊再去齊教授的家聊天。我提早出發，先進中國美術館參觀。

王貴民和齊文心兩位教授都是胡厚宣教授的學生，胡教授的十個學生都在中國社會科學院歷史研究所受訓練，從事《甲骨文合集》編輯的工作。他們兩人都在國內與國外都和我交往過，胡教授的學生中，我和他們兩個最為投契，但有二十年沒有見面了。王貴民和夫人一起來，我們先去附近一家小飯館吃飯，由齊教授招待。二十幾年前我曾經一個人在這個餐館用餐，還喝了一瓶啤酒，結果趕快買一張門票進入中國美術館，坐在柱子邊，慢慢等酒醒來。我們用完餐後到齊文心家聊天，學問也有，八卦也有。

二十年後，再見金秉模教授

二〇一五年從北京回來後，接到台大中文研究所的學弟孫叡徹教授從韓國打來電話，推薦我參加韓文博物館舉辦的文字研討會，博物館將負責旅行期間包括機票與住宿的所有費用。還建議題目如「甲骨文的發現、特點與意義」一類的題目，且以通俗性為訴求。我覺得可以勝任這個題目，而且我還有更重要的個人願望，所以一口答應了。不久韓文博物館也來聯繫，確實得到肯定的答覆後也寄來來回的電子機票。

韓文博物館對於邀請的來賓相當禮遇，招待也周到。邀請的貴賓有三位，分別來自大陸、日本與台灣。體諒我們不懂韓語，不要求我們參加只用韓語宣讀的研討會，特別為三位外賓安排有口譯的發表場次。第二天還為我們安排參觀中央博物館與韓文博物館的行程，有可能是學弟孫叡徹教授的爭取，還給我僱了一個在韓國攻讀博士學位的大陸學生擔任我的翻譯，全程伴我到各個場所，直到坐電車去機場為止。

這次到韓國的最大目的是見一位好朋友金秉模教授。二十年前受多倫多韓僑的請託，他義不容辭地成功幫助我，向韓國政府取得一些展覽用的器物，以及和中央博物館談妥為期二十年，每二年換借給我們一批韓文物以供展覽之用。當天晚上兩個人喝酒慶祝，直到兩人都喝醉了分別回住處，從此就再沒見面。二十年來我一直想再次向他親口道謝，苦不得機會，這次我特別拜託孫叡徹教授一定要為我約到金秉模教授，再喝一次酒。第二天晚上我與孫教授不參加晚宴，要和金秉模教授三人飲酒吃狗肉。

金秉模教授是韓國考古學界的名人，大我幾歲，從大學退休後創設高麗文化財研究院當院長，還在為發展高麗文化而努力。他以前告訴我他在追蹤一個高麗王子與印度公主結婚的古老傳說。這次他送我一本他的《雙魚的秘密》中譯本。原來他自幼皮膚黑，為了尋找答案，前往英國流學，學習西亞的考古與語言，走遍了世界各個角落。幾十年來鍥而不捨，通過雙魚的花紋，終於釐清整個傳說的原委。

古代印度有一個小國，受到外來的侵襲，跋涉山路來到中國四川的安岳縣。又因抗拒官府的稅斂，再度被迫，逃亡海上，在韓國上陸，與幼齡的金姓王子結婚而創建伽倻國。印度公主是位巫女，名許黃玉，因為祖先是金姓與許姓的聯姻，所以在韓國，金海的金姓與許姓不能通婚，偶爾生出黑皮膚的嬰兒，就是受到印度祖先的影響。我佩服金教授的執著。他笑說，太太問他會不會像二十年前一樣醉得回不了家。肯定是不會的，有自家司機送他來，再怎麼醉也有司機在。這一晚他的司機送我回旅館，一直到回到台灣了，我還有宿醉的感覺，我二十年的懸念終於解除了。

第二人生，指導的研究生

我在多倫多，一方面在博物館遠東部當研究員，一方面為多倫多大學東亞系的cross appointed（列在正式職員名單）教授，不管是待遇、研究設備，都不輸台灣的任何學術單位。最重要的是，我的妻兒都在那邊，也沒有和同事不歡愉的情形，但因為學長曾永義教授動之以情，說台灣大學中文系是傳授甲骨學的研究重鎮，但老師過世後卻沒有很適任的教師，已好多年沒有開這個課程了，要我回來傳繼師門。所以我毅然結束博物館與大學的工作，回到台灣來，從事回饋師長教誨的教書工作。

文字學不是熱門的領域，不是每年都有學生找我指導。但是教學一段時間後，指導過的學生就漸漸多了起來，足以湊成一桌，我就把已畢業和在學的同學找來用餐。一般是在學期結束，大家都比較有空閒的時候，這樣的聚餐，漸成習慣，戲稱為雄風宴。因為徐富昌教授和我同一研究室多年，我的學生也和他熟稔，因此師長就只邀請徐教授一人而已。

在我最後一段的人生生涯，我指導了下列數量不多的學生，還算有點苦勞，所以也斗敢沾一下他們的光彩。

吳俊德碩士論文《殷墟第三、四期甲骨斷代研究》（台灣大學中國文學研究所，一九九七年）

吳俊德博士論文《殷墟第四期祭祀卜辭研究》（台灣大學中國文學研究所，二〇〇三年）

林志鵬碩士論文《殷代巫覡活動研究》（台灣大學中國文學研究所，二〇〇三年一月）

趙容俊碩士論文《先秦巫俗之研究》（台灣大學中國文學研究所，二〇〇三年）

林宏佳碩士論文《古文字字形演變之實證—以《說文解字》第一卷為例》（台灣大學中國文學研究所，二〇〇三年六月）

林宏佳博士論文《古文字造字創意之研探，以人生歷程為範疇》（台灣大學中國文學研究所，二〇〇九年）

李佩瑜碩士論文《商代出土銅器銘文研究》（私立淡江大學中國文學研究所，二〇〇三年六月）

黃慧中碩士論文《從統計學觀點探討祖庚、祖甲卜辭的斷代》（台灣大學中國文學研究所，二〇〇四年）

黃榮順碩士論文《古文字字形演變之實證——以《說文解字》第五卷（上卷）為例》（台灣大學中國文學研究所，二〇〇七年一月）

陳煜靜碩士論文《晚商第五期曆制研究》（台灣大學中國文學研究所，二〇〇九年）

張婉瑜碩士論文《殷墟卜辭中的酒祭研究》（世新大學中國文學研究所，二〇〇九年二月）

羅珮珊碩士論文《殷墟第三期祭祀卜辭研究》（世新大學中國文學研究所，二〇一一年二月）

陳冠勳碩士論文《殷卜辭中牢字及其相關研究》（台北市立教育大學中國文學研究所，二〇一一年一月）

陳冠勳博士論文《古文字義近形旁研究》（世新大學中國文學研究所，在學中）

博物館裡的文字學家

作者	許進雄
發行人	王春申
編輯指導	林明昌
副總經理兼任副總編輯	高　珊
責任編輯	王窈姿
封面設計	吳郁婷
校對	何宣儀
印務	陳基榮
出版發行	臺灣商務印書館股份有限公司
地址	23150 新北市新店區復興路 43 號 8 樓
電話	(02) 8667-3712 傳真：(02) 8667-3709
讀者服務專線	0800056196
郵撥	0000165-1
E-mail	ecptw@cptw.com.tw
網路書店網址	www.cptw.com.tw
網路書店臉書	facebook.com.tw/ecptwdoing
臉書	facebook.com.tw/ecptw
部落格	blog.yam.com/ecptw

局版北市業字第 993 號
初版一刷：2017 年 06 月
定價：新台幣 320 元

ISBN 978-957-05-3084-1

博物館裡的文字學家
許進雄著
初版一刷 . -- 新北市：臺灣商務出版發行
2017.6
面； 公分 . --
ISBN 978-957-05-3084-1
1. 許進雄 2. 臺灣傳記 3. 文字學

783.3886
106007341